LES
DOCKS ET ENTREPÔTS
DE MARSEILLE

PAR H. TEYSSIER

ACTIONNAIRE, ANCIEN MEMBRE DE LA COMMISSION DE VÉRIFICATION DES COMPTES

AVRIL 1872

PARIS
IMPRIMERIE SIMON RAÇON ET COMPAGNIE
RUE D'ERFURTH, 1

LES
DOCKS ET ENTREPÔTS
DE MARSEILLE

PAR H. TEYSSIER
ACTIONNAIRE, ANCIEN MEMBRE DE LA COMMISSION DE VÉRIFICATION DES COMPTES

AVRIL 1872

PARIS
IMPRIMERIE SIMON RAÇON ET COMPAGNIE
RUE D'ERFURTH, 1

A Messieurs les Actionnaires de la Compagnie des Docks et Entrepôts de Marseille

Messieurs,

Je suis porteur de deux mille huit cent trente-six actions nominatives de la Compagnie des Docks et Entrepôts de Marseille, sur lesquelles quatorze cent dix-huit, achetées en mars 1861, ont été déposées le 27 juillet 1862.

Les quatorze cent dix-huit actions de la deuxième émission sont restées dans les caisses de la Compagnie, suivant certificat de dépôt du 5 mars 1864.

C'est à ce titre que j'expose à mes cointéressés la situation de la Compagnie, d'après les rapports du Conseil d'administration.

Paris, 7 avril 1872.

H. TEYSSIER,
93, RUE SAINT-LAZARE.

LES
DOCKS ET ENTREPÔTS
DE MARSEILLE

COMPAGNIE DES DOCKS ET ENTREPOTS DE MARSEILLE

CONCESSION. — CAHIER DES CHARGES

CONCESSION

Fol. 3. — Le 23 octobre 1856, il est fait concession à la ville de Marseille de l'établissement et de l'exploitation du Dock-Entrepôt prévu par la loi du 10 juin 1854.

Fol. 5. — Dès le 14 octobre avait eu lieu un traité de rétrocession par la ville de Marseille à M. Paulin Talabot, directeur du chemin de fer de Lyon à la Méditerranée, stipulant pour le compte de la Compagnie des Docks et Entrepôts de Marseille, modifiant les traités intervenus entre eux *le 18 avril 1855 et le 22 novembre suivant*.

Il est dit dans l'article 3 : « Pour prix de la rétrocession qui lui est faite, la Compagnie représentée par M. Paulin Talabot payera à la ville de Marseille, pendant 99 ans, une redevance annuelle de 50,000 francs pendant les trente premières années à partir de la mise en exploitation restreinte du Dock, telle qu'elle est déterminée par l'article 15 du cahier des charges, et de 100,000 francs aussi par an pendant le reste de la concession. Toutefois le payement de cette redevance sera suspendu en cas de blocus maritime, et pendant la durée du blocus. »

Article 4 : « En exécution de son traité avec l'État, la ville de Marseille se réserve la faculté de demander la concession d'un deuxième Dock, lequel devra être établi au sud de l'ancien port. »
Ce traité de rétrocession fut approuvé par l'État le 5 novembre 1856.

Assemblée générale du 14 mai 1859.

Fol. 7. — Ainsi les avantages faits à la ville de Marseille par la Compagnie concessionnaire des Docks peuvent se résumer ainsi :
Redevance annuelle de 50,000 francs à partir de la mise en exploitation, portée à 100,000 francs à partir de la trente et unième année.
Échange du château Borély et d'une partie de ses dépendances contre le jardin Botanique [1]. Toutes les personnes qui connaissent les localités peuvent apprécier l'avantage, pour la ville, d'une combinaison qui l'a dotée au prix de 300,000 francs d'une magnifique résidence entourée de terrains extrêmement précieux.
Concours de la Compagnie à un ensemble de travaux dont la dépense, évaluée d'abord à 990,000 francs, sera probablement dépassée, et auxquels la ville ne contribue que jusqu'à concurrence de 590,000 francs, mais sans déboursé effectif, et au moyen d'une compensation avec des annuités d'une échéance encore très-éloignée.
Bien qu'il soit assez difficile d'évaluer en somme d'argent les avantages stipulés par la ville dans son traité avec le concessionnaire du Dock, nous croyons ne rien exagérer, et nous sommes probablement au-dessous de la vérité, en les évaluant à 1,200,000 francs.

TRAITÉ DES 8 ET 15 JUIN 1857 ENTRE M. LE MAIRE DE MARSEILLE ET M. PAULIN TALABOT, DIT TRAITÉ DES TRAVAUX.

Par-devant M⁰ Audouard et son collègue, notaires à Marseille, soussignés.
Fut présent
M. Jean-François Honnorat, officier de la Légion d'honneur, maire de Marseille, demeurant en cette ville, rue Nicolas, n° 7,
Agissant en sa qualité de maire,
Lequel a déposé à M⁰ Audouard, l'un des notaires soussignés, pour être mises au rang de ses minutes, les pièces ci-après :
1° L'un des doubles originaux d'une convention intervenue entre M. Honnorat, en sa qualité de maire de Marseille, et M. Paulin Talabot, ingénieur en chef des ponts et chaussées, officier de la Légion d'honneur, de-

[1] Propriété municipale, expropriée depuis au prix de 300,00 francs par la Compagnie du chemin de fer pour l'établissement de la ligne de Marseille à Toulon.

meurant à Paris, enregistrée à Marseille, le vingt-neuf juin mil huit cent cinquante-sept, fol. 51 v°, c. 1, 2, 3, 4 et 5, par M. Sigault, receveur, qui a perçu cinq mille neuf cents francs et onze cent quatre-vingts francs pour deux décimes, et ayant pour but les travaux d'agrément et d'embellissement que M. Talabot s'est engagé envers la ville d'effectuer aux abords du château Borély, et sur la plage de Montredon, moyennant cinq cent quatre-vingt-dix mille francs.

M. Talabot ayant agi dans la dite convention au nom et comme directeur-gérant de la société dite Société du Dock-Entrepôt de Marseille, formée entre :

1° Le dit M. Paulin TALABOT ;

2° M. Emilien REY DE FORESTA, administrateur du chemin de fer de Lyon à la Méditerranée, demeurant à Paris, rue Drouot, n° 16 ;

3° M. Ernest-Rigobert SIMONS, administrateur des services maritimes des Messageries impériales, demeurant à Paris, rue Saint-Honoré, n° 374 ;

4° Et M. Louis-Henri-Armand BÉHIC, administrateur des mêmes services, demeurant à Paris, place Vendôme.

Suivant acte sous signature privée fait quadruple à Paris, le vingt septembre mil huit cent cinquante-six, confirmé par autre acte également sous signature privée fait quadruple à Paris, le onze mars mil huit cent cinquante-sept ; desquels actes de constitution et de confirmation de société, qui ont été publiés conformément à la loi, des exemplaires originaux ont été par tous les intéressés déposés pour minute à M. Dufour, notaire à Paris, suivant acte reçu par lui les vingt et vingt-trois mars mil huit cent cinquante-sept, contenant reconnaissance d'écriture et de signatures ;

2° Une copie conforme de la délibération prise par le Conseil municipal de la ville de Marseille, le quinze juin dernier, approuvée le même jour par M. le préfet des Bouches-du-Rhône,

Laquelle porte textuellement ces mots :

Qu'il y a lieu de ratifier la convention passée à la date de ce jour, par laquelle M. Paulin Talabot s'oblige aux clauses et conditions qui y sont stipulées à exécuter les divers travaux d'agrément et d'embellissement aux abords du château Borély et sur la plage de Montredon.

Ces deux pièces sont demeurées annexées à la minute des présentes après que dessus mention de leur annexe a été faite par les notaires soussignés.

Pour Me Audouard, dépositaire des dites deux pièces, en délivrer ensemble ou séparément des expéditions quand et à qui il appartiendra.

Dont acte.

Fait à Marseille, en l'Hôtel de Ville et dans le cabinet de M. le maire.

L'an mil huit cent cinquante-sept, le premier juillet.

Et lecture faite, M. Honnorat a signé avec les notaires la minute des présentes restée au pouvoir du dit Me Audouard.

Suivent les signatures.

Enregistré à Marseille, le sept juillet mil huit cent cinquante-sept. fol. 81 r°, 2, reçu deux francs et quarante centimes pour décimes.

Signé SIGAULT.

TENEUR DU TRAITÉ ANNEXÉ.

Par le présent fait à double original.

Entre

M. Jean-François Honnorat, officier de la Légion d'honneur, maire de la ville de Marseille, agissant en cette qualité au nom et pour le compte de la ville, d'une part,

Et M. Paulin Talabot, ingénieur en chef des ponts et chaussées, officier de la Légion d'honneur, domicilié et demeurant à Paris, agissant au nom et comme directeur-gérant de la société dite Société du Dock-Entrepôt de Marseille, formée entre :

1° Le dit M. Paulin Talabot ;

2° M. Emilien Rey de Foresta, administrateur du chemin de fer de Lyon à la Méditerranée, demeurant à Paris, rue Drouot, n° 16 ;

3° M. Ernest-Rigobert Simons, administrateur des services maritimes des Messageries impériales, demeurant à Paris, rue Saint-Honoré, n° 374 ;

4° Et M. Louis-Henri-Armand Béhic, administrateur des mêmes services, demeurant à Paris, place Vendôme, n° 14,

Suivant acte sous signatures privées fait quadruple à Paris, le vingt septembre mil huit cent cinquante-six, confirmé par un autre acte, également sous signatures privées, fait quadruple à Paris, le onze mars mil huit cent cinquante-sept ; desquels actes de constitution et de confirmation de société, qui ont été publiés conformément à la loi, des exemplaires originaux ont été par tous les intéressés déposés pour minute à M° Dufour, notaire à Paris, suivant acte reçu par lui les vingt et un et vingt-trois mars mil huit cent cinquante sept, contenant reconnaissance d'écritures et de signatures, d'autre part,

Il a été convenu de ce qui suit :

ARTICLE 1er. — M. Paulin Talabot, en sa qualité de directeur-gérant de la Société du Dock-Entrepôt de Marseille, s'engage à construire sur les terrains ayant dépendu du château Borély et dont il a fait l'acquisition de M. le comte de Panisse, par un acte reçu aux écritures de MM^{es} Dufour et Fourchy, notaires à Paris, le vingt-cinq mars dernier, un grand établissement de bains de mer, qu'il aura la faculté de relier à la plage au moyen d'une ou deux passerelles au-dessus de la promenade du bord de la mer.

M. Honnorat, en sa qualité, s'engage, de son côté, à appuyer auprès de l'administration compétente la demande de M. Paulin Talabot en concession du privilége de l'établissement et de l'exploitation de ces bains de mer au sud de l'Huveaune jusqu'à la chapelle de Montredon.

ART. 2. — M. Talabot s'engage à exécuter à ses frais, risques et périls, tous les travaux nécessaires pour créer quatre avenues destinées à desservir le château Borély, dont la ville de Marseille est devenue propriétaire, ainsi que diverses parties de la promenade de la Corniche, sur le bord de la mer, savoir :

1° Une avenue longitudinale partant du Prado, ouverte suivant l'axe même du château, ayant quarante-cinq mètres de large, franchissant l'Huveaune sur un pont en pierre ou en fer, se terminant par un rond-point de quatre-vingt-dix mètres de diamètre, dont le centre sera placé à deux cent quatre-vingts mètres au nord de la façade nord du château ;

2° Une avenue transversale de trente mètres de large partant du rond-point dont il vient d'être parlé et se dirigeant vers l'ouest jusqu'à la mer, normalement à l'avenue précédente ;

3° Une seconde avenue longitudinale de trente mètres de large sur toute la longueur du terrain appartenant à la ville, depuis l'avenue transversale dont il vient d'être question, en marchant vers le sud jusqu'à l'alignement de la porte de la cour d'honneur du château, sur le chemin de Montredon, et là, suivie d'une avenue en retour d'équerre ayant quinze mètres de large et marchant vers l'est sur la limite du terrain appartenant à la ville, pour venir déboucher dans le chemin de Montredon près l'entrée de la cour d'honneur du château ;

4° Une deuxième avenue transversale de soixante mètres de large, normale à l'axe principal du château et ayant son alignement sud en prolongement de la façade nord du château, ouverte depuis la deuxième avenue longitudinale dont il vient d'être parlé, jusqu'à la mer ;

5° Une promenade sur le bord de la mer qui marchera vers le sud en partant de l'hémicycle du Prado, franchissant l'Huveaune sur un pont en pierre ou en fer ayant la même largeur (vingt-sept mètres) que la promenade du bord de la mer au delà de l'hémicycle au nord du Prado, aux alignements de laquelle les alignements de la promenade nouvelle feront suite à leur origine, se continuant suivant un tracé qui sera soumis à l'approbation de l'administration municipale et s'arrêtant seulement à la rencontre du chemin de Montredon à environ quatre cent cinquante mètres au sud de l'extrémité sud de la propriété de Panisse ;

6° La prolongation de la promenade de la Corniche, depuis l'escalier Napoléon, près l'anse de la Fausse-Monnaie, à Endonme, au point où se termine la partie de ce chemin déjà exécutée, jusqu'à la Corderie, sur une longueur de deux mille cinq cent soixante-neuf mètres cinquante centimètres, suivant le projet dressé le six juin mil huit cent cinquante-quatre par M. l'ingénieur en chef de Montricher, approuvé par le Conseil municipal et par l'autorité supérieure.

ART. 3. — Tous les terrains destinés à servir d'emplacement pour les cinq premières voies publiques ci-dessus indiquées seront achetés et payés par M. Talabot, en sa qualité, au nom et pour compte de la ville de Marseille, qui sera tenue de rapporter la déclaration d'utilité publique nécessaire pour l'acquisition de ces terrains, mais qui n'aura en aucun cas rien à rembourser à M. Talabot pour ces acquisitions.

Toutes les formalités d'expropriation pour cause d'utilité publique qu'il pourrait y avoir lieu de faire à l'égard des propriétaires, fermiers ou ayants droit des terrains dont il s'agit, seront accomplies par M. Talabot, en sa dite qualité et à ses frais, la ville de Marseille le substituant aux droits qui dériveront pour elle de la déclaration d'utilité publique qu'elle aura rapportée.

ART. 4. — En ce qui concerne la promenade de la Corniche, la ville de Marseille s'engage à acquérir et livrer, à ses frais, à M. Talabot tous les terrains nécessaires pour les travaux. Elle s'engage de plus, pour ce chemin, à faire exécuter par les décharges publiques, sans frais pour la Société, tous les remblais prévus au projet dans le prolongement de la Corderie, jusques et y compris le rond-point projeté près l'anse des Catalans.

En ce qui concerne les quatre avenues du château Borély et la promenade au bord de la mer, entre l'hémicycle du Prado et le chemin de Montredon, M. Talabot s'engage à exécuter pour chaque avenue tous les terrassements et empierrements, ainsi que les trottoirs avec caniveaux en pavés d'échantillon de chaque côté des avenues ouvertes, suivant les profils qui seront soumis à l'approbation de l'administration municipale, et conformément à ce qui se fait sur des boulevards ouverts par des particuliers avec l'agrément de la ville de Marseille ; mais tous les travaux d'embellissement, tels que plantations, banquettes en relief, bancs, etc , resteront à la charge de la ville de Marseille.

ART. 5. — M. Talabot devra soumettre à l'approbation municipale les projets des avenues supplémentaires qu'il pourrait être conduit à ouvrir en vue de faciliter le morcellement dans la partie de la propriété de M. le comte de Panisse, qu'il s'est engagé à acquérir. — Il s'engage, en outre, à imposer à tous les acquéreurs des terrains situés le long des avenues de trente mètres, de quarante-cinq mètres et de soixante mètres ci-dessus désignées, l'obligation de ne planter aucun arbre de haute futaie et de n'établir aucune habitation jusqu'à huit mètres de distance de l'avenue ; de se clore le long de l'avenue par des grilles en fer ou en bois lorsqu'ils voudront établir des clôtures définitives, et de soumettre à l'administration municipale les dispositions d'ensemble de leurs façades.

Toutefois, dans le cas où M. Talabot ne réussirait pas à acquérir à l'amiable les terrains destinés à former l'avenue de quarante-cinq mètres, entre l'Huveaune et le Prado, avec une profondeur suffisante pour assurer l'exécution de la clause précédente, cette clause ne sera exécutoire, par M. Talabot, qu'autant qu'il aura été mis en possession des terrains nécessaires par voie d'expropriation pour cause d'utilité publique.

ART. 6. — La promenade du bord de la mer entre l'hémicycle du Prado et le chemin de Montredon exigeant le déplacement du bureau d'octroi établi sur la plage, contre la rive gauche de l'Huveaune, M. Talabot mettra gratuitement à la disposition de la ville, pour le rétablissement de ce bureau sur le terrain adjacent, un emplacement de vingt mètres en façade sur la mer et de vingt-cinq mètres de profondeur, conformément aux indications du plan ci-annexé.

ART. 7. — Pour indemniser M. Talabot, en sa qualité, des travaux et dépense qu'il s'engage à faire ainsi que des obligations qu'il a contractées par le présent, la ville de Marseille s'engage à lui payer à forfait une somme de cinq cent quatre-vingt-dix mille francs.

ART. 8. — Cette somme de cinq cent quatre-vingt-dix mille francs sera compensée avec les premières annuités que la Société du Dock-Entrepôt de Marseille devra payer à la ville aux termes de l'article trois de la convention du quatorze octobre mil huit cent cinquante-six, intervenue entre M. Honnorat et M. Paulin Talabot, en leurs susdites qualités, ratifiée par une délibération du Conseil municipal en date du même jour, approuvée par un arrêté de S. Ex. M. le ministre de l'agriculture, du commerce et des travaux publics, en date du cinq novembre suivant, et déposée pour minute à M. Audouard, notaire à Marseille, appert l'acte reçu par lui le dix-sept avril mil huit cent cinquante-sept.

Cette somme de cinq cent quatre-vingt-dix mille francs portera intérêts composés à cinq pour cent l'an à partir du commencement de l'année où les diverses voies publiques à ouvrir auront été livrées à la circulation.

Art. 9. — Le présent traité n'aura d'effet qu'après avoir été approuvé par le Conseil municipal de la ville de Marseille et par l'autorité supérieure. Il annule tous traités antérieurs relatifs au même objet.

Marseille, le quinze juin mil huit cent cinquante-sept.

Signé Honnorat.

Paris, le huit juin mil huit cent cinquante sept.

Signé Paulin Talabot.

Vu et approuvé, Marseille, le vingt-cinq juin mil huit cent cinquante-sept.

Le préfet des Bouches-du-Rhône,
Signé Crèvecœur.

Enregistré à Marseille, le vingt-neuf juin mil huit cent cinquante-sept, fol. 51 v°, c. 1, 2, 3, 4 et 5, reçu cinq mille neuf cents francs et onze cent quatre-vingts francs pour deux décimes,

Signé Sigault.

TENEUR DE L'EXTRAIT DE LA DÉLIBÉRATION

Séance du 15 juin 1857.
Présidence de M. Honnorat, maire.
L'assemblée formée, M. le maire a ouvert la séance.

M. le maire soumet au Conseil un traité passé entre lui et M. Paulin Talabot, directeur-gérant de la compagnie du Dock-Entrepôt de Marseille, à la date de ce jour.

Ce traité, relatif aux travaux et établissements à faire aux abords du château Borély et au chemin de la Corniche, est la reproduction exacte des conventions relatives au même objet formulées dans le traité du 30 octobre 1856, ratifié par le Conseil municipal du 3 novembre suivant et dans l'annexe du 4 décembre 1856, ratifié le 11 du même mois.

Mais, comme ce traité du 30 octobre est complexe et que, indépendamment de ce qu'il a fallu le modifier le 4 décembre, il a fallu aussi en détacher la partie relative à la concession du Dock, pour s'en tenir à cet égard à un précédent traité du 14 du même mois approuvé par M. le ministre du commerce et des travaux publics le 5 novembre suivant ; comme, d'autre part, il contient des stipulations désormais inutiles puisqu'elles ont été exécutées, celles relatives à l'échange du château de Borély, M. Talabot a craint qu'il n'en pût résulter quelque confusion ; et au moment de soumettre au Conseil d'État les statuts d'une société anonyme qui va être chargée de l'exécution de ce traité, il a désiré que la convention relative aux travaux et établissements à faire aux abords du château Borély et au chemin de la Corniche fût, comme la convention relative à la concession du Dock, l'objet d'un traité spécial.

C'est dans ce but qu'a été rédigé le traité que M. le maire soumet aujourd'hui au Conseil et pour lequel il demande son approbation.

Ouï l'exposé qui précède,
Le Conseil
Délibère :

Qu'il y a lieu de ratifier la convention passée à la date de ce jour, par laquelle M. Paulin Talabot s'oblige, aux clauses et conditions qui y sont stipulées, à exécuter divers travaux d'agrément et d'embellissement aux abords du château Borély et sur la plage de Montredon.

Certifié conforme,

Vu et approuvé.

Marseille, le 25 juin 1857.

Le maire de Marseille,
Signé Honnorat.

Le préfet des Bouches-du-Rhône,
Signé Crévecœur.

Il est ainsi au traité et en la délibération ci-dessus transcrits, annexés à l'acte de dépôt dont expédition précède.

Signé Audouard.

CAHIER DES CHARGES

Art. 8. — Le Dock sera divisé en deux entrepôts.

Le premier servira d'entrepôt de douane, et sera affecté aux marchandises placées par la législation sous le régime de l'entrepôt réel *et de l'entrepôt fictif*.

Le second servira d'entrepôt commercial proprement dit, et sera affecté aux marchandises, de quelque provenance qu'elles soient, qui ont payé les droits de douane ou qui en sont affranchies.

Art. 23. — Pour indemniser le concessionnaire des travaux et dépenses qu'il s'engage à faire par le présent cahier des charges, et sous la condition expresse qu'il en remplira exactement toutes les obligations, il est autorisé à percevoir à son profit pendant 99 ans, à partir du jour de la mise en exploitation de la première partie des magasins, les droits de magasinage et de manutention déterminés au tarif annexé au présent cahier des charges.

A l'expiration de la concession, et par le seul fait de cette expiration, le gouvernement entrera immédiatement en possession du Dock, de ses dépendances et de son matériel, et en jouissance de tous ses produits.

Les marchandises non désignées dans le tarif ci-annexé seront rangées pour les droits à percevoir dans les classes où figurent les marchandises analogues.

L'assimilation de la classe sera réglée *sur la proposition du concessionnaire* par le ministre de l'agriculture, du commerce et des travaux publics, la chambre de commerce entendue.

En ce qui concerne les opérations non spécifiées au tarif, et particulièrement les opérations d'une nature spéciale et facultative, le prix en sera réglé par des tarifs particuliers, proposés par le concessionnaire, et approuvés par le ministre, la chambre de commerce entendue.

Celles des opérations confiées au concessionnaire qui ne seraient pas susceptibles d'être tarifées seront réglées, à prix débattu, avec la partie intéressée.

Art. 39. — La ville de Marseille conserve la faculté de demander la concession d'un deuxième dock, aux termes de la convention approuvée par la loi du 10 juin 1854.

Assemblée générale du 7 juillet 1863.

Fol. 35. — Vous savez, messieurs, qu'à la veille pour ainsi dire de cette réunion, S. M. l'Empereur a appelé dans ses conseils l'un de nos collègues ; l'élévation de M. Béhic à ces hautes fonctions va laisser un grand vide dans votre conseil d'administration. M. Béhic était *l'un des quatre fondateurs de notre Société,* et il n'a pas un moment cessé de prendre une part active à nos délibérations, à nos travaux. Nous n'avons pas besoin de dire combien cette coopération nous était utile et précieuse. M. Béhic aimait notre entreprise pour elle-même ; il l'aimait aussi à cause des grands services qu'elle est appelée à rendre au commerce, à la navigation, et à cette grande cité de Marseille qui était devenue pour lui une patrie adoptive.

Toutefois, messieurs, quels que soient nos regrets de nous séparer de notre éminent collègue, nous ne pouvons nous défendre d'un sentiment de satisfaction en présence de tout ce qui nous reste encore de travaux à accomplir et de progrès à réaliser ; *nous aurons longtemps besoin des appuis et des encouragements du Gouvernement ;* nous sommes heureux de penser que le nouveau ministre n'aura besoin d'aucune étude nouvelle pour apprécier une entreprise si digne de l'intérêt bienveillant dont il trouvera d'ailleurs la tradition au ministère du commerce et des travaux publics.

Décret du 4 juillet 1866.

Article 1er. — Le sieur Granval est autorisé à établir et à exploiter à Marseille (Bouches-du-Rhône), conformément aux lois des 28 mai 1858 et aux décrets des 12 mars 1859 et 30 mai 1863, un magasin général avec salles de ventes publiques dans les locaux situés boulevard des Dames, et rues de la Joliette et Sainte-Julie, figurés au plan ci-dessus visé, qui restera annexé au présent décret.

Art. 2. — Ledit établissement est autorisé à recevoir *en entrepôt fictif* les marchandises comprises dans les catégories déterminées par les lois et règlements.

Art. 3..., art. 4....

Fait au palais des Tuileries, le 4 juilllet 1866.

Signé Napoléon.

Par l'Empereur,
Le ministre secrétaire d'État au département
de l'agriculture, du commerce et des travaux publics,
Signé Armand Béhic.

Octobre 1868. — *Mémoire à l'appui de la demande en révision de la concession de 1856-1860.*

Fol. 5. — L'objet principal de la concession était donc de constituer l'entrepôt de Marseille dans les conditions déterminées par la loi de floréal an XI, et de mettre fin au régime exceptionnel sous lequel jusqu'à ce moment le port de Marseille avait été placé ; aux termes du cahier des charges, l'entrepôt devait recevoir les marchandises placées sous le régime de l'entrepôt réel *et de l'entrepôt fictif.* Article 8.

Fol. 11. — Or, en réalité, le Dock n'a été mis en possession que de l'entrepôt *réel*. Quant aux marchandises de l'entrepôt *fictif*, bien qu'aux termes de l'article 8 du cahier des charges elles dussent appartenir à l'entrepôt concédé, en réalité ce dernier en a été totalement privé, de sorte qu'il s'est trouvé réduit en 1867 à un stock de 8,971 tonnes de marchandises d'entrepôt réel, c'est-à-dire à 8 pour 100 des prévisions de 1856.

Mars 1870. — *Note à l'appui de la demande en révision de la concession de* 1856-1860.

Fol. 7. — Or le Dock n'a jamais été mis en possession des marchandises d'entrepôt *fictif*, bien qu'aux termes de l'article 8 du cahier des charges ces marchandises appartinssent à la concession. Cette clause de la concession n'a jamais été exécutée.

Le Dock s'est donc trouvé réduit aux seules marchandises d'entrepôt réel, c'est-à-dire à une proportion insignifiante de l'entrepôt général. Pour se faire une idée exacte du préjudice éprouvé par le concessionnaire, il suffit d'un chiffre, mais il est significatif : en 1867, le stock *réel* de l'entrepôt est descendu à 8,974 tonnes, c'est-à-dire à 7 pour 100 des prévisions qui avaient servi de base au contrat de 1856.

Nous ne voulons pas aborder ici les questions délicates que pourrait soulever, au point de vue du droit strict, l'inexécution du contrat en ce qui concerne l'internement au Dock des marchandises dites d'entrepôt *fictif*. Le fait doit suffire pour justifier les réclamations de la Compagnie. Or les dispositions des articles 8, 10 et 11 du cahier des charges ne laissent aucun doute possible sur la portée de l'engagement de l'État, et ces articles resteraient complétement inexplicables, si la douane n'avait pas eu, en 1856, l'intention très-arrêtée de modifier *radicalement* le régime de l'entrepôt fictif tel qu'il avait été jusqu'à ce moment pratiqué à Marseille. Un semblable engagement a pu être mis en oubli en 1864 ; mais en 1856, et même en 1860, il était absolument conforme aux idées protectionnistes et fiscales qui prévalaient à cette époque ; les fondateurs de l'entreprise en avaient reçu les assurances les plus formelles, et pourraient au besoin s'appuyer à cet égard sur les témoignages les plus qualifiés.

Je doute qu'une protestation ait été faite contre le décret du 4 juillet 1866, qui autorise M. Granval à recevoir les marchandises soumises à l'entrepôt fictif.

AVENIR DE LA SOCIÉTÉ

Assemblée générale du 14 mai 1859.

Fol. 23. — Ainsi nos développements successifs se prêtent de la manière la plus heureuse aux circonstances favorables ou contraires que nous pouvons avoir à traverser.

La marche de notre entreprise suit les mouvements de la prospérité de Marseille ; nous n'abordons de nouveaux travaux qu'après avoir assuré la rémunération des dépenses déjà faites et nos capitaux ne s'engagent qu'à mesure et en proportion des nécessités commerciales. Ce sont là des éléments de succès et surtout de sécurité qui nous permettent d'envisager l'avenir avec confiance (1).

Fol. 24. — L'établissement d'un Dock à Marseille, indépendamment des avantages généraux qu'il présente, avait un intérêt particulier pour les entreprises de transport qui desservent ce grand centre commercial. Les plus directement intéressées étaient évidemment, d'une part, *la Compagnie du chemin de fer de Lyon à Marseille ;* d'autre part, *les services maritimes des Messageries impériales;* il était donc naturel que ces deux Compagnies prissent l'initiative des dispositions propres à assurer l'exécution du Dock ; elles ne voulurent point cependant donner à leurs efforts un caractère exclusif et elles résolurent de provoquer le concours du chemin de fer de Paris à Lyon, qui n'était pas encore réuni à cette époque au réseau de la Méditerranée, ainsi que celui du chemin d'Orléans, alors copropriétaire de celui du Bourbonnais, et correspondant de la ligne de la Méditerranée sur le Centre et l'Ouest (2).

Fol. 31. — Le Conseil d'administration s'est occupé en second lieu de sa propre organisation ; il a choisi pour son président M. Dumon, président du Conseil d'administration du chemin de fer de Lyon à la Méditerranée, et pour ses vice-présidents MM. Frémy, gouverneur du Crédit foncier de France, et Jean-Baptiste Pastré, président de la chambre de commerce de Marseille.

M. Paulin TALABOT reste chargé de la direction supérieure des travaux, et M. REY DE FORESTA est délégué par le Conseil pour la direction des divers services de l'administration centrale (3).

(1) voir page 23, (2). — (2) Voir page 59, (1). — (3) Voir page 87, (1).

Fol. 35. — Ce qui importe surtout, et ce qu'il fallait constater, c'est que nos ressources actuelles et aisément réalisables suffisent à constituer l'entreprise sur des bases bien assises, et lui assurent dans un avenir rapproché les résultats d'une exploitation fructueuse.

Fol. 37. — Par une circonstance qui se rencontre bien rarement, la période de la construction, qui dans les entreprises de grands travaux publics est presque toujours improductive, ne grèvera probablement notre compte de premier établissement d'aucune charge d'intérêts; en effet, les dispositions prises pour le service des bateaux à vapeur, le traité avec la Société des bassins de radoub, et la location des parcelles disponibles, nous assurent, dès ce moment, des produits d'une certaine importance, et suffisants dans tous les cas pour couvrir, indépendamment du service des obligations *et des frais généraux*, une partie notable des intérêts à servir aux actions. Ainsi, et à la condition toutefois de pousser rapidement l'exécution du premier entrepôt, l'article des intérêts, s'il doit figurer au compte d'établissement, n'y entrera que pour une *somme insignifiante* (1).

Fol. 39. — Nous ne pourrions, sans tomber dans le lieu commun, détailler ici les éléments si nombreux et si variés sur lesquels repose la prospérité actuelle et future de Marseille.

Depuis trente ans, le mouvement actuel de ce grand port ne s'est pas un moment ralenti.

Les époques de crise elles-mêmes lui apportent des compensations, et son admirable situation ne répond pas moins aux nécessités de la guerre qu'aux développements les plus inespérés du commerce international.

Fol. 41. — Tels sont les avantages que votre entreprise doit procurer au commerce, et qui, indépendamment du privilége d'*entrepôt de douane* écrit dans la concession, assurent à nos établissements les préférences certaines du public et une clientèle incontestée.

Ce sont là des points de vue plus concluants que ne pourraient l'être des calculs basés sur des hypothèses; ils doivent nous encourager à poursuivre notre œuvre avec confiance et résolution.

Assemblée générale du 30 avril 1860.

Fol. 3. — Nous nous félicitons de nous trouver une seconde fois en communication avec vous ; ces communications sont peut-être plus utiles encore pour une affaire comme la nôtre que pour aucune autre. Notre entreprise est peu et mal connue, et il faut, pour s'en rendre compte et en suivre la marche, garder constamment sous les yeux les plans sur lesquels sont tracés, non-seulement nos propres projets, mais encore les projets exécutés par l'État et par la ville de Marseille ; ces travaux, bien que distincts et soumis à des directions différentes, sont en effet

(1) Voir pages 19, 52, 70, 75, (1).

étroitement liés les uns aux autres, et tendent, d'un commun effort, à réaliser la *grande combinaison* qui doit doter notre métropole commerciale d'une ville nouvelle et d'un établissement maritime *unique au monde*.

Il est possible que cette combinaison n'apparaisse pas encore d'une manière bien nette aux regards impatients, mais distraits, du public ; les progrès n'en sont pas moins certains dans le présent, assurés dans l'avenir. Les crédits alloués par l'État aux travaux des nouveaux ports garantissent que la marche de ces travaux ne sera pas ralentie. La ville de Marseille poursuit avec persévérance les immenses terrassements destinés à constituer le sol des nouveaux quartiers, qu'elle livre successivement à la Compagnie des ports. Nous sommes prêts, de notre côté, à marcher du même pas; et si, comme nous l'espérons, vous mettez à notre disposition les ressources à raison desquelles vous êtes convoqués en Assemblée générale, le moment n'est pas éloigné où notre exploitation pourra commencer dans des proportions dignes de la *grandeur de l'œuvre* et de l'importance des capitaux qui y sont engagés (1).

Fol. 12. — Nous n'avons pas à revenir sur les conditions exceptionnelles qui font à notre entrepôt une situation à part et sans comparaison possible avec aucun autre établissement du même genre : juxtaposé à la gare du chemin de fer et à la ligne des quais, construit et aménagé d'après les plans les plus récents et les plus perfectionnés, desservi par une machinerie puissante et ingénieuse, nous avons le droit d'attendre les meilleurs résultats de sa mise en exploitation.

Fol. 32. — Sur le pied de 24 à 25 millions, notre dépense totale représente pour chaque mètre de surface offerte au magasinage un prix de revient très-inférieur à celui d'une superficie égale dans les Docks anglais.

Notre exploitation s'établit ainsi dans les conditions les plus favorables.

Fol. 33. — Si on compare l'ensemble de nos établissements ainsi complétés à ceux des principaux Docks anglais, on arrive à ce résultat que, avec des surfaces d'eau et une longueur de quais relativement beaucoup plus considérables, notre prix de revient par mètre carré de magasin reste inférieur des deux tiers au prix de revient de la même superficie dans les Docks anglais.

Assemblée générale du 30 avril 1861.

Fol. 26. — La somme à porter au compte-capital pour le service des intérêts au 31 décembre 1860 reste fixée à 130,654 fr. 71 c.

C'est une circonstance heureuse, et qui se produit rarement dans les grandes entreprises de travaux publics, de pouvoir ainsi, pendant la période d'exécution, balancer, à très-peu près, le service des intérêts avec celui des produits.

(1) Voir page 23, (3).

Fol. 30. — Nous n'avons fait figurer dans nos prévisions aucune somme pour le service des intérêts : nous avons l'espérance que les produits de l'exploitation et les revenus accessoires continueront à y pourvoir comme par le passé, pour la totalité, ou tout au moins pour la plus grande part (1).

Fol. 31. — Nous avons présenté dans notre rapport de l'année dernière l'évaluation des sommes nécessaires pour compléter nos établissements ; nous n'avons rien à changer à cette évaluation, que la marche des travaux et l'expérience acquise nous permettent, au contraire, de confirmer.

Ainsi un entrepôt pouvant emmagasiner 75,000 tonnes de marchandises, des hangars pouvant en abriter 45,000, et le tout desservi par 2,770 mètres de quais, telle sera notre situation à la fin de 1862.

Dans les proportions que nous venons d'indiquer, le Dock aura coûté environ 25 millions, et le jour où les développements du trafic, et par conséquent des produits, nécessiteraient l'établissement de nouveaux magasins, il suffira de 4 à 5 millions pour mettre l'Entrepôt en situation d'emmagasiner les 150,000 tonnes qui constituent le maximum prévu par le cahier des charges.

Ces données et ces calculs laissent aujourd'hui peu de place à l'incertitude.

Nous nous félicitons de pouvoir constater en finissant que le commerce marseillais attend avec une inquiétude égale à la nôtre la mise en service de nos Entrepôts. Marseille a compris que la prospérité du Dock était étroitement liée à sa propre prospérité ; le commerce sait qu'il trouvera chez nous économie de frais, facilités financières, sécurité pour la marchandise, relèvement de soins personnels et de responsabilités ; dans de telles conditions, l'intervention du Dock ne peut inquiéter aucun intérêt avouable et légitime (2).

A cet égard, l'expérience est faite.

Il n'existe pas à cette heure un seul négociant qui, dans une certaine mesure, ne se soit trouvé en relation avec notre Dock provisoire, et ne se soit ainsi familiarisé avec nos opérations futures; et cela sans qu'une plainte se soit élevée, sans qu'une seule réclamation se soit formulée. C'est là, suivant nous, un fait d'une grande signification, et que l'on n'a peut-être pas assez remarqué ; il est de nature à ne laisser aucun doute sur la situation que le Dock définitif est appelé à prendre dans les mœurs et dans les habitudes commerciales de Marseille.

Assemblée générale du 29 avril 1862.

Fol. 29. — Avant de clore ce rapport, nous tenons à confirmer de nouveau les évaluations de dépenses que nous vous avons plusieurs fois présentées et qui ont servi de base à notre constitution financière.

(1) Voir page 70, (1). — (2) Voir page 23, (2).

Nous ne présentons aucun mécompte de quelque importance sur les prévisions relatives aux établissements qui constituent le Dock proprement dit, conçu et exécuté dans les limites fixées par la commission, et si nous avons jamais besoin de remanier notre capital, ce sera uniquement en vue des développements qu'il nous est dès ce moment permis d'espérer.

Tous les faits extérieurs qui se sont produits depuis notre dernière réunion sont de nature favorable, et tendent à la *confirmation de nos espérances sur l'avenir de l'entreprise.*

Fol. 30. — Telles sont les conditions nouvelles dans lesquelles se présente notre affaire, et qui nous permettent de bien augurer de son avenir.

Jusqu'ici, nos espérances s'étaient concentrées sur le Dock proprement dit; aujourd'hui il nous est permis de les étendre sur les opérations accessoires que nos acquisitions ont heureusement préparées (1).

Assemblée générale du 7 juillet 1863.

Fol. 23. — Enfin, les voies de fer des quais ne tarderont pas à offrir au commerce des facilités et des *économies* de camionnage dont il a été privé jusqu'ici, au grand préjudice de ses intérêts et des nôtres.

Ainsi la fin de 1863 et le commencement de 1864 seront marqués par un ensemble d'améliorations qui ne sauraient manquer d'exercer la plus heureuse influence sur les résultats de notre exploitation.

Fol. 31. — Vous comprenez combien il importe d'établir cette destination entre les dépenses prévues en 1856 et les développements successifs apportés à notre entreprise. Il en résulte que les accroissements de dépense, réalisés ou prévus en dehors du capital primitif, ne sont le résultat d'aucun mécompte, mais la conséquence de concessions nouvelles ou d'opérations accessoires, sur lesquelles d'ailleurs nous n'avons aucun regret à exprimer.

Ce point ainsi établi, nous n'hésitons pas à vous proposer le doublement du capital actuel par la création d'une seconde série de 40,000 actions de 500 francs.

Fol. 34. — Jusqu'à fin décembre 1868, il serait payé annuellement aux actions de la seconde série 5 pour 100 d'intérêts des sommes versées.

Au 1er janvier 1869, les actions de la seconde série se confondraient avec les actions actuelles et l'entreprise entière resterait alors sous l'application du régime définitif créé par les articles 27 et suivants des statuts.

(1) Voir page 42, (1).

Assemblée générale du 14 mai 1864.

Fol. 19. —Dans le cours des exercices antérieurs, c'est-à-dire depuis l'origine de notre Société jusqu'au 31 décembre 1862, le prélèvement sur le capital résultant de la différence entre les produits et le service des intérêts avait été de. . . . . 710,557 fr. 45 c.
Si nous y ajoutons l'insuffisance résultant de l'exercice 1863. . . 436,303 80

Nous portons de ce chef au compte général d'établissement (1). . 1,146,861 fr. 25 c.

Fol. 26. —Permettez-nous, avant de finir, de jeter un coup d'œil d'ensemble sur la situation présente et future de notre entreprise ; cet aperçu sera de nature, nous l'espérons, à dissiper toute inquiétude, *et à vous inspirer pleine sécurité* sur les intérêts dont vous voulez bien nous confier la direction (2).

L'année 1864 ouvre pour notre Société une situation nouvelle et qui diffère sensiblement de la période que nous avons parcourue jusqu'à ce moment.

Jusqu'au 1ᵉʳ janvier 1864, les 40,000 actions formant le capital originaire de la Société ont joui d'un intérêt fixe de 5 p. 100 ; et, par une circonstance qui se rencontre bien rarement dans les entreprises de grands travaux publics, les produits des placements de fonds et ceux de l'exploitation provisoire ont suffi, à 1 million près, pour couvrir le service des intérêts (3).

A partir de l'exercice 1864, les 40,000 actions anciennes entrent dans le régime définitif qui est la loi commune à toute société industrielle : elles n'ont plus droit qu'aux produits nets de l'exploitation, mais elles ont droit *à tous ces produits* (4).

Il en est autrement pour les 40,000 actions de la nouvelle émission, qui restent sous le régime provisoire d'un revenu invariable de 5 pour 100.

Fol. 31. — Ainsi vous avez vu plus haut que les produits nets de l'exploitation s'étaient élevés en 1863 à 930,000 fr. Non-seulement ce chiffre de produits peut être considéré comme acquis à 1864, mais encore nous n'avons aucune raison de croire que les progrès constants et réguliers réalisés d'année en année sur les services anciens ne continueront pas en 1864 ; ce progrès a été en 1863, par rapport à 1862, de 267,000 fr.

Assemblée générale du 29 avril 1865.

Fol. 29. — Ce mouvement du tonnage, mieux encore que le produit net de l'exploitation, constate une progression considérable dans le trafic général.

Pour une première année d'exploitation normale, il nous est permis de nous féliciter de ce

(1) Voir page 15, (2). — (2) Voir page 24, (3). — (3) Voir page 70, (1). — (4) Voir page 24, (1).

résultat. Ne perdons pas de vue d'ailleurs que, indépendamment du progrès du trafic, nous devons compter pour l'avenir *sur la diminution des frais* résultant d'une meilleure répartition de nos forces motrices, et sur l'économie qui résultera de la mise en service des nouveaux magasins (1).

Assemblée générale du 30 avril 1866.

Fol. 4. — Le choléra, qui a ralenti d'une manière si fâcheuse le mouvement des affaires maritimes sur tout le littoral de la Méditerranée dans les six derniers mois de 1865, a arrêté l'essor de nos Entrepôts au moment même où nous entrions en possession des nouveaux magasins créés, soit dans le Dock de douane, soit dans le Dock commercial.

Malgré ces causes de ralentissement, nos Entrepôts ont progressé d'une manière sensible, et l'augmentation réalisée exerce, *dès cette année*, une influence favorable sur le dividende.

Fol. 7. — Nous pouvons constater dès ce moment que les prévisions de dépenses contenues dans notre rapport de 1864 n'ont pas été et ne seront pas dépassées ; nous espérons même réaliser une assez notable économie.

Fol. 15. — Nous proposons de distribuer 30 francs par action, soit 1,200,000 francs, et de reporter au crédit de 1866 le solde de 3,291 fr. 88.

Le dividende de l'année précédende avait été de 25 francs, de sorte qu'une augmentation d'environ 300,000 fr. sur les produits de l'exploitation répond à une augmentation de 5 fr. sur le dividende (2).

Fol. 17. — Quelques-uns de nos actionnaires se préoccupent du rôle que joue dans notre entreprise le second compte d'établissement, et s'inquiètent de l'insuffisance de ses produits effectifs actuels; en d'autres termes, ils redoutent l'influence qu'exercera sur le dividende, à partir de 1869, la participation des 40,000 actions de la seconde série.

Nous ne saurions partager cette inquiétude, car le deuxième compte possède un actif considérable, susceptible, suivant nous, d'être réalisé avec un grand profit (3).

Mettons en première ligne les parcelles F, G, H, qui présentent une surface d'environ 14,000 mètres. A raison du voisinage immédiat de nos établissements et de la gare maritime du chemin de fer, ces terrains peuvent être donnés en location ou aliénés à un prix élevé, et provisoirement ils peuvent être affectés à des dépôts spéciaux, et apporter à notre exploitation un contingent de produits.

Il en sera de même des îlots 40, 44, 49, 55, 60, 63, dont la surface totale est de 38,000 mètres environ; ces îlots, placés tous en façade sur les quais, nous reviennent actuellement à un prix très-inférieur à leur valeur réelle (4).

Les terrains de Montredon constituent une catégorie spéciale de terrain, dans le voisinage de la belle promenade du château de Borély, qui est le bois de Boulogne de Marseille ; la spé-

---

(1) et (2) Voir page 23, (1). — (3) page 24, (2), page 25, (1), page 85, (1). — (4) Voir page 42, (1).

culation ne saurait manquer de se porter de ce côté. L'ensemble des terrains de Montredon est de 110,000 mètres.

Enfin, la propriété du cap Pinède est de 70,000 mètres. Cette propriété est contiguë aux bassins de radoub en construction, ce qui assure à ces 70,000 mètres une valeur industrielle considérable.

Tous ces terrains figurent dans nos comptes pour le montant des prix d'acquisition, accrus seulement des intérêts du capital déboursé pour chacun d'eux, sans aucune majoration. Or cette majoration est certaine, surtout en ce qui concerne les terrains des îlots de la Joliette, d'Arenc et du cap Pinède : l'activité qui se déploie autour de nos établissements, la spéculation dont sont l'objet les terrains voisins récemment vendus par la Compagnie immobilière, les constructions de toute sorte qui vont se porter de ce côté, sont pour nous le gage certain d'un bénéfice important. Il ne nous est pas permis d'articuler des chiffres, mais nous avons le droit de compter sur des résultats qui nous permettent *d'envisager avec une entière confiance* l'époque de la réunion des deux comptes d'établissement et des deux séries d'actions.

Fol. 20. — En admettant que les dépenses destinées, soit à couvrir l'insuffisance de 1865, soit à faire face aux charges de 1866, absorbent environ 3,000,000 de francs, nous arriverons à la fin de l'exercice avec un excédant de ressources réalisables d'environ 5,700,000 francs, somme plus que suffisante pour solder ce qui restera dû à ce moment sur notre contribution à la dépense des bassins de radoub ; nos prévisions financières de 1864 et de 1865 se trouveront ainsi accomplies sans mécompte.

Paris, 22 octobre 1866.

COMPAGNIE DES DOCKS ET ENTREPOTS DE MARSEILLE, RUE LAFFITTE, 17.

Monsieur,

Les causes générales qui ont influé de la manière la plus fâcheuse sur la situation du commerce de Marseille sont exposées dans la note ci-jointe, que je crois utile de vous adresser, pour le cas où le journal qui la publie ne serait pas tombé sous vos yeux.

Ces causes expliquent le ralentissement qui s'est produit dans les recettes des Docks pendant les neuf premiers mois de l'exercice, et qui menace de réduire d'environ un tiers, pour cette année, le dividende distribué en 1865.

En raison de cette réduction, le Conseil d'administration, dans un sentiment de prudence, a cru devoir fixer à 8 fr. seulement l'à-compte qui doit être distribué le 1er novembre.

Mais ce mécompte, dû à des circonstances exceptionnelles, ne change rien à nos prévisions pour l'avenir. Dès que les affaires auront repris leur cours normal à Marseille, les Docks reprendront de leur côté leur marche ascendante, interrompue par une crise dont les causes vous sont connues.

Recevez, Monsieur, mes salutations les plus distinguées.

Au nom du Conseil d'administration :
L'Administrateur délégué,
REY DE FORESTA.

EXTRAIT DE LA SEMAINE FINANCIÈRE DU SAMEDI 20 OCTOBRE 1866.

On signale une reprise sensible dans les affaires, et nos bassins, tant anciens que nouveaux, reprennent une certaine activité. On ne saurait trop s'en féliciter, car Marseille est certainement celui des ports français qui a le plus souffert de la crise financière et politique. Le commerce international, celui qui alimente la navigation, ne comporte que des affaires à long terme. Or qui pouvait songer à engager l'avenir, au milieu des inquiétudes et des anxiétés que nous venons de traverser? D'ailleurs la guerre n'a pas été la seule cause du ralentissement des affaires à Marseille. La crise financière, qui a éclaté tout autour de nous, a entraîné de nombreux sinistres commerciaux sur notre place cosmopolite. Au premier rang de ces sinistres, il faut noter la faillite de la grande raffinerie Emsens, qui fait perdre à la place de Marseille plus de quatorze millions. Le choléra est venu à son tour exercer sa déplorable influence. Dès son apparition, le mouvement des ports s'est presque entièrement arrêté. Sur tout le littoral de la Méditerranée, les quarantaines les plus rigoureuses ont frappé les bâtiments en provenance de Marseille, et Marseille à son tour a pris les mêmes précautions à l'égard de tout navire provenant d'une contrée suspecte.

Un semblable régime, dont nous n'avons pas à discuter la valeur au point de vue sanitaire, était certainement la ruine des affaires maritimes. La navigation à vapeur, qui a un si grand besoin de régularité et de rapidité, a été surtout atteinte. Beaucoup de compagnies ont dû réduire considérablement leur service, et, parmi les compagnies étrangères, plusieurs l'ont complétement suspendu. Le contre-coup d'un semblable état de choses ne pouvait manquer de rejaillir sur les établissements dont la prospérité est liée à l'activité du commerce maritime. Aussi apprenons-nous sans étonnement que les recettes des Docks ont éprouvé un sensible ralentissement. Grâce à Dieu, la crise touche à son terme. Non-seulement la paix est faite et le choléra a à peu près entièrement disparu, mais la pénurie de la récolte des céréales en France semble devoir apporter au port de Marseille et aux Docks d'abondantes compensations. Déjà, les navires chargés de grains affluent dans nos bassins; nos entrepôts de toute nature vont se reconstituer, et tout fait espérer une fin d'année active et fructueuse.

E. BARAS.

Assemblée générale du 30 avril 1867.

Fol. 3. — L'année 1866 a été troublée à Marseille par un concours de circonstances sur lesquelles il serait pénible de s'appesantir, mais qui ont malheureusement réagi sur les opérations du Dock; c'est ainsi que, au lieu du progrès sur lequel nous avions cru pouvoir compter, le compte rendu de l'exercice que nous avons à vous présenter constate, au contraire, une réduction sensible sur les résultats de 1865. Hâtons-nous de dire que cet état de choses tient à un ordre de faits tout à fait accidentels, et dont le retour reste en dehors de toutes les probabilités.

Fol. 19. — Nous vous proposons de distribuer 18 francs par action, soit 720,000 francs, et de reporter à l'exercice 1867 le solde de 6,107 fr. 51 c.

Assemblée générale du 30 avril 1868.

Fol. 30. — Ainsi, l'augmentation sur les produits bruts (311,393 fr. 56) est absorbée par une augmentation équivalente sur les dépenses (307,251 fr. 48) et le produit net reste sensiblement le même en 1867 qu'en 1866 (1).

Fol. 34. — Nous vous proposons de distribuer 14 francs par action, soit 560,000 fr., et de reporter à l'exercice prochain le solde de 2,826 fr. 20.

Octobre 1868. — *Mémoire à l'appui de la révision de la concession de 1856-1860.*

Fol. 12. — Enfin, l'Entrepôt libre lui-même n'a pas eu moins à souffrir des mesures adoptées par le Gouvernement.

Cet Entrepôt avait déjà à lutter contre *des résistances locales et le désavantage d'une situation excentrique*, mais il offrait du moins certaines facilités particulières qui pouvaient lui attirer les préférences du commerce; il était d'ailleurs constitué en magasin général, ce qui lui assurait une sorte de privilège pour le magasinage de la marchandise warrantée. Mais le Gouvernement ayant cru devoir autoriser en dehors du Dock un grand nombre d'autres magasins généraux, ces derniers, plus libres dans l'application de leurs tarifs, et n'ayant qu'un faible capital à rémunérer, se sont trouvés placés dans des conditions qui leur permettent de faire à l'Entrepôt commercial du Dock une concurrence redoutable (2).

Fol. 22. — Les services que rend ce grand établissement, et ceux qu'il est appelé à rendre, justifient donc pleinement son annexion à la concession, en y comprenant bien entendu l'hôtel d'administration D, construit sur la place de la Joliette et qui fait corps avec le grand Entrepôt. L'incorporation de l'entrepôt E et du bâtiment d'administration D devra dès lors être régularisée par une stipulation de la concession remaniée.

Le renouvellement de la concession fournira ainsi au Gouvernement l'occasion de faire entrer dans le domaine de l'État un établissement magnifique, qui n'a pas son égal en Angleterre et qui n'a pas coûté à la Compagnie moins de 13 millions (3)

Assemblée générale du 28 avril 1869.

Fol. 26. — Si l'augmentation dans les produits bruts de 1,152,365 fr. 79 a correspondu à une augmentation de frais de 913,680 fr. 47, cela tient à ce que l'accroissement de

---

(1) Voir page 20, (1) et (2). — (2) Voir page 17, (2). — (3) Voir page 16, (1).

recettes a été en grande partie produit par des *marchandises à bas tarifs*, ne faisant que traverser le Dock, et ne laissant qu'un faible bénéfice de manutention.

Fol. 27. — Nous avions eu la pensée de vous proposer de distribuer seulement 14 au lieu de 16, et de reporter ainsi 80,000 francs au profit de l'exercice prochain, afin de ménager la transition qui va résulter du régime nouveau dans lequel nous entrerons en 1869, par suite de la réunion des deux séries d'actions et *de leur participation à la répartition du produit net*. Mais nous ne nous sommes pas cru le droit d'opérer cette retenue. En effet, les produits de l'exercice 1868 appartiennent en entier aux actionnaires de la première série, et, tant qu'il existe une séparation d'intérêts entre les deux catégories d'actions, il ne nous appartient pas de changer arbitrairement la part des *minces profits* qui reviennent aux actions de la première série; il n'y aurait, du reste, aucune justice à favoriser les actions de la seconde série, qui ont touché 5 pour 100 d'intérêts jusqu'à la fin de 1868, aux dépens des actions du premier capital, qui *depuis trois exercices ne touchent que des intérêts insuffisants* (1).

Fol. 29. — Le droit privilégié des actions de la deuxième série à l'intérêt statutaire de 5 pour 100 prenant fin avec l'exercice courant, quelle sera à l'avenir la situation des actions réunies? Nous ne pourrions vous présenter à cet égard que des calculs très-hypothétiques: les améliorations que nous pouvons attendre dépendent principalement du remaniement de la concession que nous poursuivons et dont nous vous entretiendrons tout à l'heure (2).

Fol. 32. — Depuis votre dernière assemblée générale, nous n'avons pas cessé un seul moment de nous occuper des moyens d'améliorer une situation dont nous n'avons pas cherché à *vous dissimuler la gravité* (3).

Assemblée générale du 30 avril 1870.

Fol. 23. — Nous vous proposons de distribuer 10 fr. par action, soit sur 78,000 actions. . . . . 780,000 fr. »
et de reporter à l'exercice prochain. . . . . 21,197 fr. 12 c.

Somme égale . . . . 801,197 fr. 12 c.

Fol. 24. Nous n'avons pas besoin de vous faire remarquer que la réduction du dividende résulte principalement du changement de régime inauguré en 1869. Jusqu'à ce moment, les produits de l'exploitation appartenant inclusivement aux 40,000 actions de la première série, les 40,000 actions de la seconde série recevaient un intérêt fixe de 5 pour 100, et ces cinq pour cent étaient alimentés : 1° par quelques produits spéciaux du deuxième compte d'établissement ; 2° par les intérêts portés au débit des établissements en construction et des terrains ; 3° le surplus était prélevé sur le capital. Nous n'avons pas besoin d'ajouter que ces

---

(1) Voir page 19, (4). — (2) Voir page 20, (3). — (3) Voir page 19, (2).

attributions étaient autorisées et même prescrites par les statuts. Mais, à dater de 1869, les actions des deux séries sont absolument assimilées, et tout prélèvement d'intérêts au profit des actions de la deuxième série a dû cesser. Elles n'ont plus droit qu'à leur quote-part dans les produits nets, et ces produits nets se trouvent répartis entre 78,000 actions, au lieu de 40,000; la réduction qui en résulte sur le chiffre du dividende n'implique pas une réduction corrélative dans les produits de notre entreprise : le chiffre à répartir reste à peu près le même, mais le nombre des parties prenantes s'est accru de près du double (1).

Assemblée générale du 10 août 1871.

Fol. 24. — Reste un produit net de. . . . . 155,027 fr. 07 c.
dont il faut déduire un prélèvement de 3 pour 100 pour constituer le fonds de réserve, article 33 des statuts. . . . . 4,650 fr. 81 c.

Reste . . . . 150,376 fr. 26 c.
Si nous y ajoutons le solde de l'exercice 1869. . . . . 21,197 fr. 12 c.

Le produit disponible serait de . . . . 171,573 fr. 38 c.
Soit 2 fr. 20 par action.

Nous vous proposons, vu le peu d'importance de ce bénéfice, de ne distribuer aucun dividende pour l'exercice 1870, et de garder en réserve ces 171,573 fr. 38 c., qui profiteront à l'exercice 1871.

L'exercice 1871 se présente sous de meilleurs auspices que celui de 1870; les augmentations de tarif, surtout ceux de magasinage, exerceront, sans nul doute, une heureuse influence sur le second semestre.

Fol. 26. — Mais cette somme de 1,800,000 francs ne représente qu'incomplétement le découvert auquel nous avons dû pourvoir par des moyens de crédit, et qui constitue notre dette flottante.

Cette dette est d'environ 4,000,000 de francs, représentés dans le compte général qui vous a été distribué par l'ensemble des articles qui figurent audit compte sous la rubrique *Créditeurs divers*. Ces articles s'élèvent à. . . . . 4,511,998 fr. 07 c.
dont il faut déduire les comptes d'ordre. . . . . 680,112 fr. 57 c.

de sorte que le chiffre effectif de la dette flottante est de. . . . . . 3,831,885 fr. 50 c.
c'est-à-dire bien près de 4,000,000 de francs (2).

La Compagnie n'a pas payé au 1er novembre dernier un à-compte sur le dividende de 1871.

(1) Voir page 20, (3). — (2) Voir page 14, (1).

TARIFS DES BATEAUX A VAPEUR

Assemblée générale du 30 avril 1860.

Fol. 14. — Les règlements et tarifs qui régissent notre établissement de la Joliette ont reçu l'approbation administrative le 9 juillet 1859, et c'est le 16 août suivant que nous avons commencé à fonctionner dans les conditions actuelles; jusqu'à cette date, l'exploitation avait continué d'après les errements de 1858, c'est-à-dire sous un régime provisoire qui laissait en dehors de notre établissement, entre autres entreprises de bateaux à vapeur, les services si importants des Messageries impériales.

SERVICE CENTRALISÉ DES BATEAUX A VAPEUR. — RÈGLEMENT ET TARIFS.

Art. 2. — Le service du Dock comprend toutes les manutentions, soit à bord, soit à quai, soit en magasin, nécessitées par l'embarquement et le débarquement des marchandises destinées aux bateaux à vapeur ou en provenant, y compris les manutentions auxquelles donnent lieu les opérations de douane et d'octroi (1).

Art. 14. — L'embarquement, le débarquement des voyageurs et de leurs bagages, ainsi que les opérations de visite en douane ont lieu par les soins du Dock.

L'armateur acquitte directement entre les mains du Dock le tarif applicable à ces opérations (2).

Fol. 11. — Marchandises, Tarif n° 1. Manutention, débarquement ou embarquement.

Prendre la marchandise dans la cale du navire, et la mettre en magasin avant la visite de la douane; réciproquement, prendre la marchandise en magasin après la visite, et la remettre dans la cale du navire : 25 centimes par 100 kilogr., sans distinction de nature.

Fol. 12. — Tarif n° 2. Magasinage.

Toute marchandise débarquée ou embarquée par les soins du Dock doit le magasinage et en jouit pendant 5 jours, y compris ceux de l'entrée et de la sortie. La classification et les prix perçus sont les suivants, etc., etc.

(1) Voir page 28, (1). — (2) Voir page 29, (2).

MARCHANDISES PRÉCIEUSES.

Le magasinage des marchandises précieuses sera calculé d'après la valeur déclarée et de la manière suivante :

1re Catégorie, 20 centimes par mille francs.

Groups d'or et d'argent monnayé, ou lingots.

Les personnes qui voudront prendre ou rendre à bord les groups d'or et d'argent monnayés ou en lingots sans emprunter les Docks, auront la faculté de le faire à leurs périls et risques (1).

2e Catégorie, 1 fr. par mille francs.

VOYAGEURS ET BAGAGES.

1° Débarquement.

Transporter le voyageur à quai, prendre les bagages à bord, les faire passer à la visite de la douane et les livrer à la sortie du Dock.

1re classe..............	2 fr. » c.	⎫
2e classe..............	1 »	⎬ par voyageur avec ou sans bagages.
3e classe..............	0 50	⎭

2° Embarquement.

Transport du quai à bord du navire des voyageurs et de leurs bagages.

1re classe..............	1 fr. 50 c.	⎫
2e classe..............	0 75	⎬ par voyageur avec ou sans bagages.
3e classe..............	0 50	⎭

(1) Voir page 29, (1).

COMPAGNIE DES DOCKS ET ENTREPOTS DE MARSEILLE

RÈGLEMENTS ET TARIFS. — 1ᵉʳ JANVIER 1870

Fol. 135. — Préfecture des Bouches-du-Rhône.
Extrait du registre des arrêtés.

Nous préfet des Bouches-du-Rhône, commandeur de l'ordre impérial de la Légion d'honneur,
Vu les nouveaux règlements et tarifs *proposés* par la Compagnie des Docks et Entrepôts de Marseille, la Chambre de commerce de cette ville entendue, etc., etc.,
Arrêtons :
ART. 1ᵉʳ. — Les règlements et tarifs proposés par la Compagnie des Docks et Entrepôts de Marseille sont rendus exécutoires conformément à l'exemplaire annexé au présent arrêté.
Marseille, 21 décembre 1869.

Le préfet des Bouches-du-Rhône,
Signé LEVERT.

Fol. 121. — Tarif spécial n° 4.
Débarquement et embarquement exceptionnels.

NOTA. *Ce tarif est applicable à tous navires (à vapeur ou à voiles), mais seulement sur la demande expresse des ayants droit.* (1)

Débarquement.

Prendre la marchandise sur le pont du navire, et la déposer sur les quais ou sous les hangars, avant l'accomplissement des formalités de douane de la part des destinataires, et la garder à la disposition de ces derniers pendant une période n'excédant pas cinq jours après débarquement.

Embarquement.

Recevoir la marchandise sous hangar ou sur quai, la faire reconnaître par la douane ; la prendre sous hangar ou sur quai, et la déposer sur le pont du navire après l'avoir gardée à la disposition de ce dernier pendant une période n'excédant pas cinq jours.

(1) Voir page 26, (1).

Ces prix sont augmentés de 50 centimes quand la Compagnie est requise de désarrimer la marchandise et de la prendre dans la cale ou de mettre la marchandise dans la cale et de l'y arrimer.

MARCHANDISES PRÉCIEUSES.

Fol. 7. Art. 7. — Lingots, espèces et colis de valeur.

La Compagnie n'est tenue ni de débarquer ou d'embarquer, ni de faire reconnaître et livrer à quai l'or et l'argent, les plaqués d'or et d'argent, le platine, les bijoux et les pierres précieuses; les destinataires et les chargeurs de ces articles sont tenus de les prendre, de les faire vérifier et de les mettre eux-mêmes à bord à leurs risques et périls (1).

La Compagnie n'est tenue, en ce qui concerne ces articles, que d'en recevoir en magasin les dépôts régulièrement constitués et sous le régime de *l'entrepôt réel*.

Les dépôts sont taxés suivant la valeur déclarée, à raison de 50 centimes par 1,000 francs et par mois de magasinage. Ce prix comprend les frais de mise en magasin et ceux de sortie de magasin. Toute somme inférieure à 1,000 fr. paye comme 1,000 francs.

VOYAGEURS ET BAGAGES.

Débarquement. — Batellerie.

Fol. 123. — Prendre le voyageur à bord du navire dans les bassins des Docks, et le conduire à quai devant la salle de vérification des bagages, prendre ses bagages à bord et les livrer sur le quai devant la même salle.

Pour les voyageurs de 1re classe		1 fr.		par voyageur
—	2e —	» 50 c.		avec ou sans
—	3e — et les militaires voyageant en corps.	» 25		bagages.

Manutention pour la vérification des bagages par la douane.

Prendre les bagages sur le quai, les transporter dans la salle de vérification, les présenter à la douane, et les livrer à la porte de la salle.

Pour les voyageurs de 1re classe		1 fr.	
—	2e —	» 50 c.	par voyageur
—	3e — et les militaires voyageant en corps.	» »	

Ce tarif n'est applicable qu'aux voyageurs qui réclament les services de la Compagnie, soit pour leur transport à terre, soit pour la visite de leurs bagages (2).

(1) Voir page 27, (1). — (2) Voir page 26, (2).

Embarquement.

Embarquer le voyageur avec ses bagages à bord du navire dans les bassins des Docks.

Pour les voyageurs de 1re classe................	1 fr. 50 c.	par voyageur
— 2e —	75	avec ou sans
— 3e — et les militaires voyageant en corps.	25	bagages.

Les bagages ne sont reçus qu'au moment où le navire peut les prendre.

TARIFS COMPARÉS DE 1859 ET DE 1870 (1)

	1859	1870
1re SÉRIE.		
Châles, Chapeaux de paille, Essences, Fourrures fines, Graines de vers à soie, Paille fine tressée, Plumes de parure, Soie, Soieries, Tableaux, par tonne.......	12^f 50^c	3^f 50^c
2e SÉRIE.		
Acajou, Cacao, Café, Chanvre, Dattes, Figues sèches, Fromages, Graisses, Poivre, Raisins secs, Salaisons, Sucre brut, par tonne............	4 50	2 50
Alizaris, Arachides, Coton pressé, Etain en saumons, Garance, Salpêtre, Zinc en plaques ou en saumons................	4 50	2 »
Huiles, Graines oléagineuses, Sésame, Soufre brut, raffiné..........	4 50	1 50
3e SÉRIE.		
Légumes, par tonne.....................	3 50	2 50
Farines, Fer brut, Fonte brute, Marbres en blocs ou en tranches, Riz......	3 50	2 »
Céréales, Minerais, Pierres à bâtir, Plomb, Sel marin.............	3 50	1 50
EXPORTATION.		
1re série { Embarquement, magasinage...... 6 50 } 7 75 par tonne.... { Manutention pour la visite de la douane. 1 25 }	7 75	3 »
2e série........................	5 75	1 75 / 2 75

Assemblée générale du 30 avril 1870.

Fol. 20, tarifs. — Nous sommes enfin arrivés au terme de la longue et difficile élaboration du règlement et des tarifs dont nous nous occupons depuis si longtemps, et qui ne pouvaient devenir exécutoires qu'après avoir reçu l'approbation ministérielle. Un semblable travail

(1) Voir page 83, (1).

soulevait trop de questions et touchait à trop d'intérêts pour qu'il fût possible de résoudre toutes les dificultés sans discussion et même sans lutte. La mesure de ce rapport ne nous permet pas d'entrer ici dans le détail des nombreuses questions qui se sont agitées entre la Chambre de commerce de Marseille et la Compagnie, mais l'entente s'est enfin établie par des concessions réciproques dans une série de conférences tenues à Paris, sous la présidence de M. le secrétaire général du département du commerce. En conséquence nos tarifs ont été définitivement approuvés par l'administration supérieure, mais seulement en décembre dernier. Ces nouveaux tarifs ont été mis en vigueur le 1er janvier de cette année : c'est vous dire que le nouveau régime n'a exercé aucune influence sur les résultats de l'exploitation de 1869.

Quelle sera son influence au point de vue de l'avenir ? Vous nous permettrez à cet égard de rester dans la plus grande réserve. Si d'une part les réductions que nous n'avons pu éviter, *notamment en ce qui concerne les opérations d'embarquement et de débarquement des paquebots à vapeur, doivent emmener une réduction immédiate dans certains produits, d'autre part nous avons le droit d'espérer que ces réductions devront accroître et développer le nombre des opérations.* A quel moment et dans quelle mesure ces compensations se réaliseront-elles ? C'est le point incertain et douteux sur lequel nous ne pouvons exprimer que des espérances (1).

Assemblée générale du 10 août 1871.

Fol. 16. — Les produits bruts des débarquements, embarquements, reconnaissances, etc., des marchandises au tarif spécial n° 4 (ou tarif des bateaux à vapeur, etc.), présentent une diminution de 459,983 fr. 57 sur les recettes de même nature en 1869.

Cette différence, qui à elle seule représente la presque totalité du déficit de 1870, comparé à 1869, résulte presque exclusivement des réductions de tarifs que nous avons été *forcés* de subir depuis le 1er janvier 1870, et dont nous vous avons entretenus l'an dernier. En tenant compte de tous les éléments de la comparaison, la diminution provenant de la réduction de tarif s'élève à bien près de 400,000 francs : c'est assez dire combien cette réduction qui nous a été *imposée* a été exagérée et inopportune.

Fol. 20, Tarifs. — L'exercice entier s'est écoulé sous le régime des nouveaux tarifs mis en vigueur le 1er janvier 1870.

Parmi ces tarifs, il en est plusieurs, et particulièrement le tarif général, dont l'abaissement est dû à notre propre initiative ; nous avions espéré que ces abaissements exerceraient une influence favorable sur le développement du trafic, et cette pensée, juste en elle-même, a été malheureuse dans son application, les circonstances étant devenues aussi défavorables que possible pour tenter une semblable expérience.

(1) Voir page 59, (2).

Mais les abaissements qui nous ont été le plus onéreux sont ceux du tarif n° 4 (opérations de débarquement et d'embarquement des bateaux à vapeur). Ici du moins nous ne nous sommes jamais fait illusion, et nous avions disputé pied à pied auprès de la chambre de commerce et devant le ministre le maintien des tarifs de 1859 ; mais il avait fallu céder à la pression des réclamations dont ces tarifs étaient l'objet, et le résultat a été désastreux.

Peut-être cette expérience était-elle nécessaire, afin de démontrer combien il est illogique d'imposer à une Compagnie comme la nôtre des prix trop abaissés, lorsqu'elle reste désarmée contre le renchérissement de la main-d'œuvre, conséquence forcée et douloureuse des grèves et des coalitions ouvrières.

Aujourd'hui du moins, la nécessité de relever les tarifs a pénétré dans tous les esprits, et sur ce point nous ne rencontrons plus d'opposition, au moins en principe.

C'est ainsi que nous avons pu reviser plusieurs de nos tarifs qui ont été mis en vigueur les 1er mai, 1er juillet et 1er août de la présente année (1).

Au nombre des tarifs revisés il faut noter celui qui s'applique aux opérations d'embarquement et de débarquement des houilles, minerais, fontes, etc., en transit au môle de l'Abattoir.

En ce qui concerne le tarif des bateaux à vapeur dont la révision est d'un intérêt capital pour nous, nous sommes en instance pour obtenir son relèvement. Quelques points sont encore en discussion, mais nous espérons arriver très-prochainement à résoudre les dernières difficultés.

RÈGLEMENT ET TARIFS, 1er MARS 1872.

Folio 122. — Le présent tarif a été homologué par décision ministérielle en date du 5 février 1872, a été rendu exécutoire par arrêté préfectoral en date du 10 février 1872 et a été mis en vigueur le 1er mars 1872.

(1) Voir page 60, (1).

TABLEAU COMPARATIF DES TROIS TARIFS SPÉCIAUX DES BATEAUX A VAPEUR.

	16 AOUT 1859	1er JANVIER 1870	1er MARS 1872
	fr. c.	fr. c.	fr. c.
Graines de vers à soie, Soies, Soieries, Tableaux.	12 50	3 50	8 50
Châles, Chapeaux de paille, Essences, Fourrures fines, Paille fine tressée, Plumes de parure.	12 50	3 50	4 »
Acajou, Cacao, Café, Chanvre, Dattes, Figues sèches, Fromages, Graisses, Poivre, Raisins secs, Salaisons, Sucre brut.	4 50	2 50	3 50
Alizaris, Arachides, Coton pressé, Etain en saumons, Garance, Salpêtre, Zinc en plaques ou en saumons.	4 50	2 »	2 50
Huiles, Graines oléagineuses, Sésames, Soufre brut, raffiné.	4 50	1 50	2 50
Légumes	5 50	2 50	2 50
Farines, Fer brut, Fonte brute, Marbres en blocs ou en tranches, Riz. . . .	3 50	2 »	2 50
Céréales, Minerais, Pierres à bâtir, Plomb, Sel marin	3 50	1 50	2 50
EXPORTATION.			
Glaces, Graines de vers à soie, Soies, Soieries et Tableaux	7 75	3 »	8 50
Articles de Paris, Chapeaux fins, Cristaux, Fils et Tissus de laine et de coton, Marchandises pesant moins de 200 kilogrammes sous le volume d'un mètre cube, Mercerie, Meubles d'acajou et feuilles de placage, Modes, Parfumerie.	7 75	3 »	4 »
Toutes autres marchandises.	5 75	1 75 / 2 75	3 50

L'art. 7, fol. 7, lingots, espèces et colis de valeur de 1872, est le même que celui de 1870 (1).
Le tarif spécial n° 5, voyageurs et bagages, n'a pas été modifié en 1872 (2).
Ces relèvements partiels des tarifs sont bien insuffisants pour remédier à la situation de la Compagnie.

CHATEAU BORÉLY. — TERRAINS DE MONTREDON

Assemblée générale du 14 mai 1859.

Fol. 9. — Dans ces données, les 36 hectares de terrain dont la Compagnie peut disposer correspondant à une dépense de 3,200,000 fr., leur prix de revient est d'un peu moins de 9 fr. par mètre.

Mais il faut noter, en premier lieu, que la dépense de 3,200,000 fr. comprend les 590,000 fr. formant la part contributive de la Ville dans le traité des travaux, et qui doivent

(1) Voir page 27, (1), page 29, (1). — (2) Voir page 26, (2), page 29, (2).

se compenser, en principal et intérêts, avec la redevance annuelle de 50,000 fr. stipulée dans le traité de concession du Dock. Dès lors cet article ne peut être mis au compte de l'opération du château Borély sans dégrever d'autant le compte de la concession du Dock de la Joliette.

En second lieu, que la différence entre ces 590,000 fr. et la somme à dépenser pour l'exécution du traité à forfait constitue une subvention effective payée à la Ville en retour de la concession du Dock de la Joliette.

En troisième lieu, que l'échange du Jardin botanique contre le château Borély et ses dépendances représente, à raison de la différence de valeur des immeubles échangés, une seconde subvention également à la charge du concessionnaire.

En quatrième lieu, enfin, que les terrains abandonnés à la Ville pour l'établissement des avenues ouvertes sur les propriétés de la Compagnie constituent également une subvention supplémentaire.

Les calculs auxquels peut donner lieu l'affaire du château Borély, et l'appréciation de ses résultats financiers, ne doivent pas être dégagés de ces circonstances, et nous les relevons ici afin de bien établir que l'opération dont il s'agit n'a pas eu pour objet une spéculation sur la valeur des terrains : elle a eu pour but de donner satisfaction à un intérêt municipal ; elle est la base et le point de départ de la concession du Dock.

Toujours est-il que, si les 36 hectares dont la Compagnie a la disposition peuvent se réaliser à un prix moyen de 9 fr. par mètre, la Compagnie couvrira non-seulement les diverses subventions en terrains et travaux alloués à la Ville, mais encore *elle dégrèvera* l'exploitation du Dock, pendant une période de dix-neuf années, de la redevance stipulée par la convention du 14 octobre 1856. Si on tient compte : 1° de la situation exceptionnelle de ces terrains ; 2° de l'influence que ne peuvent manquer d'exercer sur leur valeur les embellissements projetés par la Ville, et l'exécution des boulevards et des voies nouvelles que la Compagnie doit exécuter elle-même pour favoriser le lotissement des surfaces qui lui appartiennent ; 3° du progrès si rapide du prix des propriétés dans cette partie du territoire de Marseille, on reconnaîtra que le prix de 9 fr. le mètre n'a rien d'exagéré ; si les circonstances s'y prêtent, *ce prix sera aisément atteint et même dépassé* (1).

Fol. 33. — Dégageons d'abord de cette étude l'affaire des terrains de Montredon, qui doit faire l'objet d'une liquidation spéciale.

Nous avons vu que l'achat de ces terrains, augmenté des travaux à exécuter en vertu du traité avec la Ville, et en y comprenant les 590,000 fr. à compenser avec la redevance du Dock, a donné ou donnera lieu à une dépense de 3,200,000 fr. environ.

Mais, d'autre part, ces terrains constituent un actif réalisable à une époque plus ou moins rapprochée ; et suivant que les *nécessités financières de l'entreprise* seront ou non pressantes, nous pourrons suspendre ou hâter cette réalisation (2).

(1) Voir page 58, (1). — (2) Voir page 58, (1)

Les résultats définitifs de cette liquidation viendront résonner dans le compte de premier établissement qui est en ce moment sous vos yeux, et la différence en moins, s'il en existe, constituera, de fait, la subvention payée par la Compagnie à la ville de Marseille.

Assemblée générale du 30 avril 1860.

Fol. 22. — En tenant compte des dépenses, non encore effectuées, mais nécessaires pour accomplir nos divers engagements avec la Ville, nous avons calculé, l'année passée, que le prix des terrains ressortirait à environ 9 fr. le mètre.

Nous sommes heureux de vous annoncer que cette situation s'est améliorée. Un nouveau traité, à la date du 3 décembre 1859, est intervenu entre la ville de Marseille et nous. D'après ces nouvelles conventions, la Ville acquiert trois lots de terrains d'une contenance totale de 18 hectares, c'est-à-dire exactement la moitié des 36 hectares que nous possédons. Cette vente est consentie au prix de 975,000 fr., payables en cinquante annuités, calculées de manière à représenter l'intérêt à 5 p. 100, et l'amortissement au même taux du prix de vente. Le prix exact devant résulter d'une mensuration contradictoire, à laquelle il n'a pas encore été procédé, nous évaluons approximativement le chiffre de l'annuité à 50,000 fr., sauf une légère différence possible en plus ou en moins[1].

Indépendamment de la vente de ces 18 hectares, le traité du 3 décembre 1859 déclare la résiliation pure et simple du traité de juin 1857. Cette résiliation affranchit la Compagnie des engagements relatifs aux travaux qu'elle s'était obligée à effectuer pour le compte de la Ville, engagements qui nous exposaient à des éventualités onéreuses, et auraient pu devenir la source de graves difficultés entre la Ville et la Compagnie.

Toutefois, cette résiliation du marché des travaux n'a d'effet que pour l'avenir. La Ville conserve, à titre gratuit, la propriété des terrains destinés aux avenues et aux boulevards déjà exécutés. Elle profite également, sans indemnité de sa part, des travaux considérables déjà effectués par nous et dont la dépense s'élève, au 31 décembre 1859, à 522,820 fr. 14 c.

Malgré l'importance de ces sacrifices, nous n'avons pas hésité à conclure le traité du 3 décembre. La totalité des dépenses engagées dans l'opération des terrains de Montredon s'élève, d'après le compte qui est placé sous vos yeux, au 31 décembre 1859, à 2,225,338 fr. 24 c.

Si nous ajoutons une somme à valoir représentant les dépenses non encore soldées. 24,661 66

Nous trouvons un débours total de. . . . .   2,250,000 »
Dont il faut déduire le prix des 18 hectares vendus à la Ville. . . .   975,000 »

Reste un débours de. . . . .   1,275,000 fr. » c.

[1] 180,000 mètres 975,000 francs, soit 5 fr. 42 c. le mètre.

Ces 1,275,000 fr. représentent donc le prix de revient des 18 hectares qui restent la propriété de la Compagnie, et constituent l'actif de l'opération, ce qui fait ressortir le prix du mètre superficiel à 7 fr. environ.

Il ne faut pas perdre de vue que les terrains vendus à la Ville doivent être exclusivement affectés à l'agrandissement des jardins qu'elle possède déjà dans cette partie du territoire, et qui, à raison du voisinage de la mer et de la beauté du site, lui permettent d'établir une promenade sans rivale. *Les 18 hectares qui nous restent profiteront du voisinage de cette promenade, et leur valeur s'accroîtra dans une proportion que nous ne voudrions pas exagérer; mais, en toute hypothèse, nous avons la confiance que l'opération se liquidera sans perte pour la Compagnie, et même qu'elle couvrira tout ou partie de la subvention que le traité de 1857 laissait à notre charge* (1).

Fol. 32. — En 1862, la liquidation des terrains de Montredon sera, nous l'espérons, fort avancée, et viendra figurer dans notre bilan uniquement pour son résultat final.

Assemblée générale du 30 avril 1861.

Fol. 20. — Nous avons récemment vendu un peu moins de 10,000 mètres de terrains ayant façade sur la grande avenue qui relie le Prado au château Borély. Cette vente s'est faite à raison de 12 fr. le mètre.

15,000 mètres de terrains, en façade sur la même avenue, pourront être aisément réalisés à des conditions égales ou supérieures.

Assemblée générale du 29 avril 1862.

Fol. 13. — Nos précédents Rapports vous ont exposé, avec le plus grand détail, le but et la nature de l'opération qui nous a constitués propriétaires d'une quantité considérable de terrains situés dans les quartiers de Montredon, de Bonneveine et du Prado.

Assemblée générale du 7 juillet 1863.

Fol. 15. — L'affaire des terrains de Montredon se solde, au 31 décembre 1862, par 689,788 fr. 90 c. (intérêts non compris). Il nous reste 11 hectares environ de terrains dispo-

(1) Voir page 38, (1).

nibles, auxquels le voisinage du parc Borély et de la nouvelle promenade du Bord-de-Mer donne *une valeur considérable.*

Assemblée générale du 14 mai 1864.

Fol. 15. — 11 hectares environ de terrains disponibles, situés en façade sur le parc Borély, dont la ville de Marseille a fait une délicieuse promenade, et sur la belle avenue également créée par la Ville sur le rivage de la mer. La situation de ces terrains *est admirable*, et tout nous fait espérer une réalisation avantageuse dans *un avenir prochain.* Nous avons déjà reçu des offres, mais elles ne nous ont pas paru suffisantes (1).

Assemblée générale du 29 avril 1865.

Fol. 14. — Terrains disponibles ; coût principal.	566,224 fr. 20 c.
Intérêts à la charge du capital engagé dans l'opération de Montredon, depuis l'origine jusqu'au 31 décembre 1863.	689,679 88
Ensemble.	1,255,904 fr. 08 c.

Assemblée générale du 30 avril 1866.

Fol. 17. — Les terrains de Montredon, contenant une catégorie spéciale de terrains dans le voisinage de la belle promenade du château Borély, qui est le bois de Boulogne de Marseille ; la spéculation ne saurait manquer de se porter de ce côté. L'ensemble des terrains de Montredon est de 110,000 mètres.

Assemblée générale du 30 avril 1867.

Fol. 8. — Les intérêts portés en fin d'année au débit du compte de nos terrains disponibles à réaliser, accrus des impôts et dépenses diverses, et toute déduction faite de 41,479 fr. 70 c., prix réalisé de quelques terrains antérieurement vendus, s'élèvent à 25,568 fr. 96 c., ce qui porte le chiffre représenté par ces terrains, au 31 décembre 1866, à 1,395,787 fr. 77 c., pour une surface de 113,046 mètres carrés.

(1) Voir page 38, (1).

Vous n'avez pas oublié que cette opération des terrains de Montredon a été l'une des conditions de la rétrocession par la ville de Marseille de la concession du Dock. La crise générale qui pèse sur les terrains à Marseille ne nous permet pas d'espérer une *réalisation prochaine* de cette partie de notre domaine privé. Nous nous proposons d'ailleurs, pour rendre cette réalisation plus facile à un moment donné, de faire sur ce point quelques travaux de nivellement, et de créer des voies de communication propres à faciliter le morcellement.

Assemblée générale du 30 avril 1868.

Fol. 14. — La crise générale éprouvée par les terrains à Marseille ne nous a pas permis de tenter aucune vente des terrains de Montredon ; rien d'utile ne pourrait d'ailleurs être fait sans l'exécution des travaux de lotissement, de nivellement et de voirie indispensables pour opérer une vente en détail. Nous évaluons cette dépense à 100,000 fr. environ ; et dans l'état présent des choses il nous a paru sage d'ajourner.

Opération des terrains de Montredon :
Terrains disponibles au 31 décembre 1867, 1,461,616 fr. 04 c.

Assemblée générale du 28 avril 1869.

Opération des terrains de Montredon :
Terrains disponibles au 31 décembre 1868, 1,533,555 fr. 65 c.

Assemblée générale du 30 avril 1870.

Terrains de Montredon au 31 décembre 1869, 1,618,549 fr. 40 c. (1). Leur produit net, en 1869, a été de 1682 fr. 84 c.

Le prix de revient de ces terrains, d'une vente impossible, est de 14 fr. 31 c. le mètre.

(1) Voir page 34, 36, 37, (1).

ACHATS DE TERRAINS A LA SOCIÉTÉ DES PORTS DE MARSEILLE

Assemblée générale du 14 mai 1859.

Fol. 14. — Les terrains cédés par la Société des Ports de Marseille, dont l'acquisition devra être régularisée par nos soins, ont été traités sur le pied de 100 fr. le mètre carré, soit pour 33,000 mètres, 3,300,000 fr. En vue de cette acquisition, la Société des Ports a été admise à souscrire 6,600 actions de la Compagnie des Docks, c'est-à-dire pour une somme égale à la valeur des terrains ; en d'autres termes, ces terrains constituent une sorte d'apport social, et si des difficultés de forme ne s'y étaient pas opposées, ils auraient en effet figuré à titre d'apport dans la constitution de notre Société.

ACQUISITION CONDITIONNELLE.

Les prévisions des concessionnaires ne se sont pas bornées à l'opération que nous venons de vous exposer, et dont l'importance et l'utilité ne vous échapperont pas. Quelle que soit l'étendue des terrains qui nous sont assurés, soit par la concession elle-même, soit par la combinaison dont nous venons de vous entretenir, il fallait prévoir le cas où des agrandissements ultérieurs deviendraient nécessaires, si ce n'était pour les besoins du magasinage et de l'entrepôt proprement dit, du moins pour les établissements maritimes qu'il conviendrait d'annexer à l'entreprise principale.

Dans ce but, les concessionnaires ont, dès le 14 avril 1857, traité avec la Société des Ports de Marseille de l'acquisition conditionnelle d'un second lot de terrains également en façade sur les quais projetés et désignés sur le plan par une teinte verte; la Compagnie pourra, suivant ses convenances, acquérir tout ou partie de ce lot.

Le prix stipulé est de 150 fr. le mètre, payable en obligations 3 pour 100 délivrées au pair, semblables aux titres de même nature émis par les compagnies de chemins de fer.

Le délai pour la ratification de cet achat, fixé à deux années pour le traité, expirait le 12 avril dernier, mais il a été d'un commun accord prorogé de six mois.

Assemblée générale du 30 avril 1860.

Fol. 21. — Nous nous étions réservé, de plus, le droit d'acquérir quatre autres îlots, les n°s 49, 55, 60 et 63, d'une superficie totale de 22,262^m,23. Après mûr examen, nous n'avons pas hésité à ratifier ces acquisitions; ainsi que vous le remarquerez en jetant un coup d'œil sur le plan, ces parcelles, dont la superficie totale est de 38,372^m,31, c'est-à-dire bien près de 4 hectares, sont toutes en façade sur les quais projetés ou en cours d'exécution. Il est inutile d'insister sur les avantages d'une telle situation.

Le prix d'acquisition est de 130 fr. le mètre superficiel; ce prix est payable en obligations rapportant 15 fr. d'intérêt, et remboursables à 500 fr. en quatre-vingt-dix-neuf ans. Pour le règlement du prix d'achat, ces obligations sont évaluées, valeur fixée par le contrat, à 300 fr. Les payements auront lieu à mesure et en proportion des livraisons.

Fol. 28. — En ce qui concerne les 16,622 obligations destinées à la Société des Ports, deux points essentiels sont à noter : à l'exception de l'îlot n° 40, qui pourra nous être livré dans le courant de l'année, la mise en état des cinq autres îlots ne sera pas achevée avant 1861 et 1862. *De plus, la prise de possession de ces terrains mettra à notre disposition une contre-valeur dont les revenus seront certainement supérieurs aux intérêts à servir aux 16,622 obligations délivrées en échange. En réalité donc, ces 16,622 obligations ne constituent aucune charge effective, soit dans le présent, soit dans l'avenir* (1).

Fol. 32. — Quant aux îlots payables en obligations, nous n'en tenons pas compte non plus : cette acquisition n'entraîne aucun débours effectif, et l'utilisation immédiate des terrains donnera *certainement* des produits supérieurs à l'annuité à servir aux obligations dont ces terrains sont la contre-valeur.

Décembre 1860, fol. 5. — La superficie totale de ces six parcelles est d'environ 4 hectares en façade sur les quais des bassins d'Arenc et Napoléon. Les portions de ces terrains qui ne seront pas utilisées comme annexes de l'Entrepôt pourront être louées ou revendues à des *conditions très-avantageuses*. La rue Impériale, qui doit traverser les vieux quartiers, mettra ces terrains en communication directe avec la partie la plus centrale de Marseille.

Assemblée générale du 30 avril 1861.

Fol. 6. — Ces parcelles sont dès lors en dehors de nos opérations actuelles, et il suffit, pour le moment, de rappeler ici que ces vastes terrains, situés en façade sur les bassins d'Arenc, Napoléon et de l'Estaque, constituent pour nous principalement une valeur d'avenir. A

---

(1) Voir page 42, (1).

ce point de vue, nous devons nous féliciter de l'exécution, aujourd'hui assurée, de la rue Impériale, qui ne peut manquer de donner à ces terrains *une plus-value importante*.

Assemblée générale du 29 avril 1862.

Fol. 29. — Les parcelles, acquises de la Société des Ports, se trouvent précisément en façade sur le bassin Napoléon et sur le bassin Impérial, dont la construction est définitivement décidée; le nombre et la diversité des établissements commerciaux qui devront rechercher ces terrains ne peuvent qu'accroître leur valeur *dans une forte proportion*.

Assemblée générale du 30 avril 1866.

Fol. 17. — Mettons en première ligne les parcelles F, G, H, qui présentent une surface d'environ 14,000 mètres. A raison du voisinage immédiat de nos établissements et de la gare maritime du chemin de fer, ces terrains peuvent être donnés en location ou aliénés à un prix élevé, et provisoirement ils peuvent être affectés à des dépôts spéciaux et apporter à notre exploitation un contingent de produits.

Il en sera de même des îlots 40, 44, 49, 55, 60, 63, dont la surface totale est de 38,000 mètres environ. Ces îlots, placés tous en façade sur les quais, nous reviennent actuellement à *un prix très-inférieur à leur valeur réelle*.

Assemblée générale du 30 avril 1868.

Fol. 13. — La valeur vénale de ces terrains serait d'une appréciation difficile en ce moment, et vous connaissez les circonstances indépendantes de notre fait qui ont suspendu les opérations ayant pour objet de mettre en valeur les terrains du Lazaret. Mais nos propres terrains ont une valeur industrielle qui leur permettra, nous l'espérons, d'échapper à la dépréciation qui frappe surtout les terrains destinés à l'habitation; leur situation en façade sur les quais des nouveaux ports est tout à fait exceptionnelle, et nous ne saurions manquer d'y trouver, tôt ou tard, *un allégement considérable à nos charges financières*.

Assemblée générale du 30 avril 1870.

Fol. 28. — Indépendamment des améliorations qui pourront résulter de la révision de la concession et du développement du trafic, vous savez qu'une de nos principales espérances repose sur l'achèvement prochain des travaux des ports. Nous avons maintenant la certitude que le Gouvernement se propose de donner une grande activité à ces travaux. Or, à mesure que les nouveaux bassins seront livrés à l'activité maritime, nos terrains de la Joliette prendront une valeur qui nous permettra de les réaliser, ou tout au moins de les rendre productifs. Il y a là, dans un avenir qui ne peut être très-éloigné, une source de produits et une atténuation de charges de nature à *améliorer sensiblement la situation de notre entreprise*

Compte général : Terrains des ports, 50,177^m,97, figurant à notre actif pour 9,057,182 fr. 69 c.

Assemblée générale du 10 août 1871.

Ces terrains figurent à notre actif pour 9,056,126 fr. 62 c. Leur produit net a été de 6,930 fr. 06 c. en 1868 et de 11,099 fr. 03 c. en 1869 (1).

Les prix d'achat de 100 et 130 francs le mètre sont transformés en un prix de revient de 179 fr. 23 c. le mètre.

BASSINS DE RADOUB

Assemblée générale du 14 mai 1859.

Fol. 21. — Dans le but d'assurer à l'entreprise, dans ses conditions actuelles, des produits immédiats, la gérance a préparé une seconde opération.

Les bassins de radoub sont une des pressantes nécessités du port de Marseille, et les statuts de la Compagnie contiennent une clause qui autorise l'annexion de ces bassins à notre Entrepôt principal. Une demande en concession a été en même temps déposée, et nous nous proposons d'y appliquer le système Clark, qui fonctionne déjà en Angleterre, et paraît appelé à remplacer les anciens procédés, plus compliqués et plus coûteux.

Les bassins dont nous sollicitons la concession doivent s'établir autour du port Napoléon, qui est lui-même encore en projet, et il est difficile de prévoir le moment où ils pourront commencer à fonctionner. Mais il en est autrement des bassins de radoub *provisoires* qui fonctionnent en ce moment dans le canal de communication situé entre l'ancien port et le port de la Joliette.

(1) Voir page 18, (1); page 20, (4); page 40, (1).

Ces bassins provisoires sont exploités par une Société marseillaise, soumise à la condition de renoncer à cette exploitation dès que les bassins définitifs seront en état de fonctionner.

La Société marseillaise était en instance auprès du Gouvernement pour en obtenir la concession des bassins définitifs, et la situation qui lui était faite par sa concession provisoire pouvait constituer à son profit, sinon un privilége, du moins un droit de préférence à cette concession. Il était de l'intérêt de cette société, comme du nôtre, de réunir son exploitation à celle de la Compagnie des Docks et de fusionner les deux affaires. La Société des bassins de radoub provisoires y trouvait l'occasion de consolider une situation avantageuse dans le présent, mais précaire dans l'avenir; de son côté, la Compagnie des Docks s'assurait, pendant la période improductive des travaux, des revenus d'une certaine importance.

Ces considérations ont déterminé MM. les gérants à ouvrir avec la Société des bassins de radoub des négociations qui ont abouti au traité dont il va être donné lecture, et que nous soumettons à votre ratification.

Entre M. Paulin Talabot, ingénieur en chef des ponts et chaussées, domicilié à Paris, agissant au nom et pour compte de la *Compagnie anonyme des Docks et Entrepôts de Marseille*, dont il poursuit l'autorisation auprès du Gouvernement, d'une part ;

Et MM. André d'Abeille et Cie, gérants de la *Compagnie des Bassins de radoub*, dont le siége est à Marseille, représentés par M. Albert Rostand, négociant, domicilié et demeurant à Paris, agissant en vertu des pouvoirs qui résultent de leur lettre du onze mars courant, dont copie certifiée est ci-jointe ;

Les parties ci-dessus dénommées stipulant en leur dite qualité et sous les réserves exprimées à l'article sept ci-après, d'autre part,

Il a été dit et convenu ce qui suit :

En vertu d'un arrêté de M. le préfet des Bouches-du-Rhône, en date du vingt-cinq juin mil huit cent cinquante-cinq, MM. Marc Fraissinet, Pascal fils et Cie, Bazin, Léon Gay et Cie, Arnaud Touache frères et Cie, Albert Rostand et André d'Abeille, tous armateurs ou représentants de diverses compagnies de bateaux à vapeur dont les navires fréquentent le port de Marseille, ont été chargés de l'exécution et de l'exploitation de deux bassins provisoires pour le radoub des navires à établir dans le canal de communication entre l'ancien port et le port de la Joliette.

Aux termes du cahier des charges annexé audit arrêté, la durée de la concession est limitée au jour où les bassins définitifs projetés au nouveau port Napoléon étant en état de fonctionner, l'administration ordonnera la suppression des bassins provisoires.

Les concessionnaires ci-dessus dénommés ont fait apport de leur dite concession à la *Compagnie des Bassins de radoub*, constituée à Marseille, sous la raison sociale *André d'Abeille et Cie*.

Cette société s'est constituée au capital de un million quatre cent mille francs, représentés par deux mille huit cents actions de cinq cents francs chacune, aujourd'hui libérées de deux cent cinquante francs.

La Compagnie des Bassins de radoub a fait établir les deux cales de radoub provisoires dont l'exploitation lui était concédée et les a exploitées jusqu'à ce jour.

Elle a de plus poursuivi auprès du Gouvernement la concession des bassins définitifs dont la construction est prévue par le cahier des charges ci-dessus relaté.

Enfin la Compagnie a traité avec la Chambre de commerce de Marseille de la location, et, plus tard, de l'acquisition conditionnelle, de la cale désignée à Marseille sous le nom de *Dock flottant de carénage* ; ce traité d'acquisition a été fait en vue et dans l'hypothèse de la concession des bassins de radoub définitifs ; il oblige la Chambre de commerce de Marseille à passer vente du *Dock flottant de carénage* à la compagnie qui se chargera à la fois de la construction des bassins définitifs et de l'exploitation des bassins provisoires, et ce au prix dès ce moment convenu de trois cent mille francs, payables en actions libérées de ladite Compagnie, délivrées au pair.

En cet état de choses, la Compagnie concessionnaire des *Docks et Entrepôts de Marseille* s'étant mise sur les rangs pour obtenir la concession des bassins de radoub définitifs dont le Gouvernement désire l'établissement et, d'autre part, la concession de ces bassins de radoub définitifs nécessitant un accroissement de capital hors de proportion avec la constitution actuelle de la société André d'Abeille et Cie, les deux entreprises se sont rapprochées et ont réglé ainsi qu'il suit leurs intérêts respectifs.

ARTICLE 1er. — La *Compagnie des Bassins de radoub* cède et abandonne à la future *Compagnie anonyme des Docks et Entrepôts de Marseille* les droits et avantages qui résultent de sa concession, ensemble ses établissements, cales, portes flottantes, machines à vapeur et autres engins, mobilier des bureaux et généralement tout le matériel de son exploitation, sans en rien excepter ni réserver.

Il sera fait du tout un inventaire descriptif pour être annexé aux présents accords.

ART. 2. — Par l'effet de la présente cession, la Compagnie des Docks et Entrepôts de Marseille est subrogée, activement et passivement, aux droits et aux engagements de la Compagnie des bassins de radoub, à l'égard de l'administration publique.

ART. 3. — Les produits de toute nature de l'exploitation, ou autres, appartiendront à la Compagnie des Docks et Entrepôts de Marseille, à partir du premier juillet mil huit cent cinquante-huit. La prise de possession effective se réalisera dans le plus bref délai possible, après la réunion de l'assemblée générale des actionnaires de la dite Compagnie, qui aura ratifié les présents accords, ainsi qu'il est expliqué à l'article dix ci-après.

ART. 4. — Les établissements et le matériel devront être livrés à la Compagnie des Docks et Entrepôts de Marseille libres de toutes charges et engagements.

La Compagnie des Bassins de radoub devra constituer un fonds de réserve et d'entretien de trente-six mille francs, aux fins ci-après :

Il sera prélevé sur ladite somme celle nécessaire pour payer une chaudière de rechange, livrée le premier février mil huit cent cinquante-huit, et dont le prix n'est pas encore réglé ; le surplus sera employé à la mise en état des établissements et du matériel.

L'excédant du fonds de réserve, s'il en existe après les prélèvements ci-dessus, appartiendra à la Compagnie des Docks et Entrepôts de Marseille. En cas d'insuffisance, la Compagnie des Bassins de radoub pourvoira par ses propres ressources à la mise en état des établissements et du matériel, qui devront, dans tous les cas, être livrés en bon état d'entretien et de fonctionnement.

Art. 5. — Le fonds d'amortissement, constitué par la Compagnie des Bassins de radoub, à partir du premier janvier mil huit cent cinquante-sept, à raison de cent cinquante mille francs par an, sera attribué à la Compagnie des Docks.

En conséquence, les deux cent vingt-cinq mille francs représentant ce fonds d'amortissement au premier juillet mil huit cent cinquante-huit et les intérêts à partir de ladite époque appartiendront à la Compagnie des Docks et seront versés entre ses mains lors de la prise de possession, telle qu'elle est déterminée par l'article trois ci-dessus.

ART. 6. — Après les prélèvements qui font l'objet des deux articles précédents, tout le surplus de l'actif de la Société des Bassins de radoub (en numéraire, valeurs de caisse ou de portefeuille, créances ou recouvrements) appartiendra à la Société des Bassins de radoub.

ART. 7. — La participation dans les produits des bassins de radoub attribuée à la Chambre de commerce de Marseille, à raison de la location du *Dock flottant de carénage*, sera réglée directement par la Compagnie des Bassins de radoub, jusqu'au trente juin mil huit cent cinquante-huit. A partir du premier juillet mil huit cent cinquante-huit, cette participation sera au compte de la Compagnie des Docks.

Art. 8. — En échange des deux mille huit cents actions libérées de deux cent cinquante francs chacune, qui représentent le capital social de la Compagnie des Bassins de radoub, il sera délivré par la Compagnie des Docks et Entrepôts de Marseille cinq mille six cents obligations (soit deux obligations pour une action), portant chacune quinze francs d'intérêts, payables par semestre les premier janvier et premier juillet de chaque année et amortissables par cinq cents francs, suivant un tableau d'amortissement qui fonctionnera à partir de l'exercice mil huit cent soixante-cinq au plus tard, et réparti sur toute la durée de la concession du Dock de la Joliette.

Les obligations seront délivrées, jouissance du premier juillet mil huit cent cinquante-huit.

La Compagnie du Dock fera toutes diligences pour délivrer aussitôt que possible les titres des dites obligations.

Jusqu'à la dite délivrance, les anciennes actions de la Compagnie des Bassins de radoub en tiendront lieu et seront, à cet effet, frappées d'une estampille qui leur attribuera les mêmes droits qu'aux titres définitifs.

Art. 9. — La Compagnie des Docks et Entrepôts de Marseille est subrogée aux droits et obligations de la Compagnie des Bassins de radoub envers la Chambre de commerce de Marseille, pour la cession du *Dock flottant de carénage*.

En conséquence, et dans le cas où la Compagnie des Docks et Entrepôts de Marseille obtiendrait la concession des bassins de radoub définitifs, elle se chargera également du dock flottant de carénage et mettra à la disposition de la Chambre de commerce six cents actions libérées de la *Compagnie des Docks et Entrepôts de Marseille* de cinq cents francs chacune.

Jusqu'à complète libération des dites actions, la Compagnie des Docks délivrera à la Chambre de commerce de Marseille des actions de même nature que celles attribuées à ses autres actionnaires et mettra en réserve les sommes nécessaires pour faire face aux appels de fonds ultérieurs ; les sommes ainsi mises en réserve porteront intérêt à cinq pour cent, au profit de la Chambre de commerce de Marseille.

Art. 10. — Les présents accords seront soumis :

1° A la ratification de l'assemblée générale des actionnaires de la *Compagnie des Bassins de radoub* et dans un délai de deux mois à partir de ce jour ;

2° A la ratification de l'assemblée générale des actionnaires de la Compagnie anonyme des Docks et Entrepôts de Marseille dans un délai de trois mois à partir de la date du décret qui aura homologué les statuts de la dite Compagnie.

Dans le cas où l'une ou l'autre des deux assemblées générales refuserait sa ratification, comme encore dans le cas où la Compagnie des Docks et Entrepôts de Marseille n'obtiendrait pas l'insertion dans ses statuts d'une clause l'autorisant à réunir à son exploitation principale l'entreprise des bassins de radoub, les présents accords seront considérés de plein droit comme nuls et non avenus, sans dommages et intérêts de part ni d'autre.

Fait et signé à double original à Paris, le dix-neuf mars mil huit cent cinquante-huit.

Approuvé l'écriture,
Signé Paulin Talabot, Alb. Rostand.

Paraphé par MM. le président et les membres du bureau de l'assemblée générale,
Signé J.-B. Pastré, M. L. de Roux,
T. Féraud, J. Talon.

Assemblée générale du 30 avril 1860.

Fol. 18. — Le capital engagé par nous dans cette affaire est représenté par 5,600 obliga-

tions que nous aurons à délivrer aux actionnaires de l'ancienne Société des Bassins de radoub provisoires, à raison de deux obligations pour une action. Ces obligations, qui rapportent 15 fr. d'intérêt et sont remboursables par 500 fr. en quatre-vingt-dix-neuf ans, représentent, *sur le pied de 300 fr. par obligation*, un capital de. . . . .   1,680,000 fr. »
Dont il faut déduire l'encaisse ci-dessus au 31 décembre 1859. . .   480,000 fr. »

Le capital engagé se trouve donc réduit à. . . . .   1,200,000 fr. »
En admettant que les produits annuels se maintiennent comme minimum entre 200,000 fr. et 220,000 fr., ci. . . . .   220,000 fr. »
Dont il faut déduire le service des obligations. . . . .   84,000 fr. »

Le produit net annuel serait de. . . . .   136,000 fr. »
Somme qui représente un amortissement rapide du capital engagé.

Assemblée générale du 30 avril 1861.

Fol. 21. — Les 5,600 obligations délivrées aux actionnaires de l'ancienne Société, si nous les évaluons *au prix minimum de nos émissions*, soit 275 fr., représentent une valeur de. . . . .   1,540,000 fr. »
Dont il faut déduire les sommes ci-après :
1° Fonds de réserve de l'ancienne Société
au 30 juin 1858. . . . .   31,131 fr. 45 c.
2° Fonds d'amortissement . . . .   225,000 fr. »

Cette somme de. . . . .   256,131 fr. 45 c.
a été successivement employée en achats de
diverses valeurs, qui ont produit à la revente
un bénéfice de. . . . .   1,658 fr. 80 c.   257,790 fr. 25 c.

Reste à porter au compte d'établissement au 31 décembre 1859. .   1,282,209 fr. 75 c.

Ce compte s'est accru en 1860 par l'opération suivante :
La Chambre de commerce de Marseille, propriétaire d'une forme de radoub fonctionnant dans l'ancien port, et désignée sous le nom de *Dock flottant de carénage*, en avait abandonné, depuis le 6 mai 1856, l'exploitation à l'ancienne Société des Bassins de radoub. En retour, la Chambre de commerce restait intéressée pour trois dixièmes dans les bénéfices de cette Société.
En traitant avec notre Compagnie en 1858, la Société des Bassins de radoub provisoires avait naturellement réservé les droits de la Chambre de commerce, qui se trouvait ainsi notre

cointéressé dans l'exploitation des trois bassins. A la suite de négociations engagées à la fin de l'année dernière, il est entré dans les convenances de la Chambre de commerce de substituer à sa participation, ainsi limitée à l'affaire des bassins, une participation plus directe et plus complète à l'affaire Docks. En conséquence, la Chambre de commerce a renoncé à tout prélèvement sur les produits de l'exploitation des bassins de radoub, mais elle a reçu en échange 600 actions libérées de la Compagnie des docks, jouissance au 1er juillet 1860.

Ces actions, calculées au pair, représentent une valeur de 300,000 fr. qui portent le chiffre de premier établissement des bassins de radoub de.................................... 1,282,209 fr. 75 c.

à............ 1,582,209 fr. 75 c.

Par contre, notre Compagnie, à partir du 1er juillet 1860, est entrée en jouissance exclusive des produits des bassins de radoub, et la Chambre de commerce cesse d'y prélever une part.

Fol. 23. — Les produits nets de l'exploitation en 1860 ont été les suivants :

1° Bassins de radoub, 266,173 fr. 13 c.

Les produits des bassins de radoub provisoires ont, il est vrai, une certaine importance; *mais, au point de vue de l'avenir, il est sage de tenir compte du caractère temporaire de cette concession spéciale.*

Assemblée générale du 29 avril 1862.

Fol. 18. — Les produits des bassins de radoub se sont élevés à 311,313 fr. 64 c. Ils présentent sur l'année précédente une augmentation de 45,140 fr. 51, qui résultent principalement du rachat de la part d'intérêt qui appartenait à la Chambre de commerce de Marseille.

Le résultat général est d'ailleurs très-satisfaisant, *mais il ne doit pas nous faire oublier le caractère temporaire de cette concession*[1].

Assemblée générale du 7 juillet 1863.

Fol. 19. — Les bassins de radoub, malgré de grosses réparations au dock flottant nécessitées par *son état de vétusté*, ont obtenu une augmentation de recette et une légère diminution de dépense.

Les produits des bassins de radoub provisoires se sont élevés à 344,036 fr. 30 c..

---

[1] Le capital des bassins de radoub est augmenté de 9,501 fr. 92 c. sous la rubrique *Dépenses diverses de l'année* et figure à l'actif pour 1,591,711 fr. 67 c.

Assemblée générale du 14 *mars* 1864.

Fol. 16. — Les produits des bassins de radoub provisoires se sont élevés à 344,162 fr. 12 c.

Assemblée générale du 29 *avril* 1865.

Fol. 27. — Les produits nets des bassins de radoub provisoires se sont élevés à 317,202 fr. 49 c.

Assemblée générale du 30 *avril* 1866.

Fol. 12 — Les produits nets des bassins de radoub provisoires se sont maintenus à très-peu près dans les conditions des années antérieures (315,048 fr. 78 c.).

Assemblée générale du 30 *avril* 1867.

Fol. 16. — Les bassins de radoub provisoires ont donné en 1866 un produit inférieur de plus de 60,000 fr. à celui de l'année précédente (252,598 fr. 91 c.).

Assemblée générale du 30 *avril* 1868.

Fol. 24. — Le nombre des navires qui utilisent nos bassins de réparation serait encore plus considérable, si nous disposions d'un plus grand nombre de bassins. Le développement de la navigation à vapeur assure à ce point de vue le succès de nos bassins définitifs, et l'étude de cette affaire ajoute chaque jour davantage à la confiance qu'elle nous inspire (263,896 fr. 11 c.).

Assemblée générale du 28 *avril* 1869.

Fol. 21. — Malgré cette augmentation dans le nombre de navires (16), les produits sont restés stationnaires (259,551 fr. 93 c.).

RAPPORT DE LA COMMISSION NOMMÉE POUR L'EXAMEN DES COMPTES DE 1867.

Fol. 35. — Vous n'ignorez pas, messieurs, que vous avez acquis en 1858 des bassins de radoub d'une Société constituée, en 1855, au capital de 1,400,000 francs, dont moitié seulement avait été versée, et que cette Société vous a transmis, avec sa propriété, son fonds d'amortissement de dix-huit mois montant à 225,000 fr. et son fonds de réserve s'élevant à 31,131 fr. 15. — Comme prix de cette acquisition, vous avez remis 5,600 obligations, dont la valeur, limitée à 275 fr. l'une, représente une somme de 1,540,000 fr. De plus, vous avez usé de la faculté que la Société précédente possédait d'acquérir le dock flottant de carénage, qu'elle exploitait, et vous avez de ce chef délivré aux vendeurs 600 actions libérées de votre Compagnie, soit 300,000 francs.

En déduisant les fonds d'amortissement et de réserve qui vous ont été remis, et en ajoutant quelques menus frais, le capital des bassins de radoub provisoires s'est élevé, au 31 décembre 1861, à 1,591,711 fr. 67 c.

Il est le même au 31 décembre 1867.

Notre Compagnie n'ayant pas opéré d'amortissement, la totalité des bénéfices des bassins provisoires de radoub a été distribuée chaque année, et le prix d'acquisition figure tout entier dans votre actif; la charge des actions et obligations remises en payement, charge qui est de plus de 100,000 francs par an, continuera de peser sur votre exploitation, alors que l'instrument des bénéfices aura disparu.

Paris, 27 avril 1869.

H. Teyssier, Moussette, Lévy-Crémieu.

OBSERVATIONS DU CONSEIL D'ADMINISTRATION, EN RÉPONSE AU RAPPORT DE LA COMMISSION DE VÉRIFICATION DES COMPTES.

Fol. 41. — L'acquisition des bassins et cales de radoub provisoires situés dans le canal de la Joliette a eu lieu, en 1858, de la Société qui en était primitivement concessionnaire, et la concession a été régularisée sous le nom de la Compagnie des Docks et Entrepôts de Marseille par un arrêté préfectoral du 15 décembre 1859. Cette concession est donc contemporaine de la constitution de notre Société en la forme anonyme, et il est bon de rappeler qu'elle figure dans les statuts de 1859 au nombre des opérations qui constituaient l'objet social.

Le prix d'acquisition a été payé à l'ancienne Société en obligations de notre emprunt de 1860, et notre Compagnie ayant acquis postérieurement de la Chambre de commerce de Marseille, au prix de 300,000 francs, le Dock flottant de carénage, la Chambre de commerce en a été payée au moyen de 600 actions libérées de la Compagnie.

L'ensemble des sommes qui représentent le prix des cales provisoires et celui de la cale flottante s'élève à 1,591,711 fr. 67 c., et il résulte de ce qui précède que ce prix total est représenté par des obligations et par des actions de la Compagnie.

Vous savez que les cales établies dans le canal qui unit le bassin de la Joliette à l'ancien port de Marseille doivent être supprimées, afin de rendre libre l'usage de ce canal dès que les instruments de radoub définitifs, en construction au cap Pinède, et dont nous sommes également concessionnaires, pourront être livrés à l'exploitation. C'est pourquoi la commission des comptes exprime l'opinion qu'en raison du caractère temporaire de la concession des cales provisoires, nous aurions dû amortir les 1,591,711 fr. 67 c., qui en représentent le prix, par un prélèvement sur les produits particuliers de cette opération, au lieu de confondre ces produits dans l'exploitation générale.

Au premier abord, cette idée paraît naturelle ; mais nous avons dû l'abandonner, pour des motifs qui nous ont paru concluants.

Il convient de rappeler d'abord que notre Société s'est constituée en 1859 au capital de 20 millions seulement, divisé en 40,000 actions de 500 francs chacune, et l'article 24 des statuts portait ce qui suit :

« Jusqu'à la clôture de l'exercice qui prendra fin le trente et un décembre mil huit cent soixante-trois, il sera payé annuellement aux actionnaires 5 pour 100 d'intérêt des sommes par eux versées.

« Il sera pourvu au payement de ces 5 pour 100 par les intérêts des placements de fonds, et *par tous autres produits de l'entreprise*, et, en cas d'insuffisance, par un prélèvement sur le capital social. »

L'affectation *des produits de toute nature de l'entreprise* se trouvait donc réglée par cet article, et il n'est dit nulle part qu'une partie de ces produits devrait être affectée à un amortissement quelconque.

D'autre part, il ne faut pas oublier que les obligations émises par la Compagnie, en vertu du décret du 13 août 1860, sont amortissables en 95 ans ; et, en ce qui concerne l'amortissement des actions, l'article 30 des statuts de 1859 portait la disposition suivante :

« A partir de l'année 1865, il sera fait un prélèvement destiné à constituer un fonds d'amortissement calculé de telle sorte que le capital social soit complétement amorti, à raison de 500 francs par action, cinq ans avant l'expiration de la concession. »

En présence de ces dispositions, y avait-il lieu, comme le pense la commission, de soumettre à un amortissement particulier le capital engagé dans l'opération des cales de radoub provisoires? Nous croyons au contraire que cet amortissement spécial aurait constitué un véritable double emploi.

En effet, d'une part, « *tous les produits de l'entreprise* devaient être affectés au service des intérêts, » et dès lors il n'y avait pas lieu de rien distraire de ces produits pour constituer un amortissement partiel.

D'autre part, l'amortissement intégral des obligations et des actions réparti sur tout le cours de la concession assurait, sous cette forme particulière aux sociétés à concession, l'amortissement complet de toutes les sommes engagées dans nos diverses opérations.

Or il convient de noter que cette faculté d'amortissement à long terme constituait précisément l'avantage principal de l'opération des cales de radoub provisoires, et c'est la raison pour laquelle nous n'avions pas à suivre les errements de la Société de qui nous les avions acquis. — Cette Société, soumise à une éviction très-prochaine, et n'ayant aucun avenir, devait nécessairement procéder à un amortissement extrêmement rapide. — *Nous, au contraire, nous avions l'avantage de pouvoir répartir l'amortissement sur toute la durée de la concession.*

Et d'ailleurs, pourquoi aurions-nous renoncé à cette faculté d'amortissement à long terme?

Nous venons de voir que les actions du capital de 1859 avaient droit, jusqu'au 31 décembre 1863, à un intérêt privilégié et statutaire de 5 pour 100, et que *les produits de toute nature* de l'entreprise devaient être affectés au service de cet intérêt ; *l'insuffisance seule devait être prélevée sur le capital.* Dès lors, si les produits des cales de radoub provisoires, au lieu d'être appliqués intégralement au service des intérêts, avaient été atténués dans une proportion quelconque en vue de constituer un fonds spécial d'amortissement, *l'insuffisance prélevée sur le capital* se serait accrue d'autant. La situation aurait donc été exactement la même.

Il est vrai qu'à partir du 1er janvier 1864, par suite des extensions successivement apportées à la concession et du doublement du capital, le régime social s'est modifié dans une certaine mesure. A ce moment, il a été formé deux comptes d'établissement, dont l'un, le premier, a cessé d'avoir droit à des intérêts privilégiés, tandis que l'autre, le deuxième, devait rester, jusqu'au 31 décembre 1868, sous le régime des intérêts à 5 pour 100 prélevés sur le capital en cas d'insuffisance des produits.

Fallait-il, à partir de 1864, soumettre le capital engagé dans les bassins de radoub provisoires à un amortissement particulier? — Dans quel but, et dans quel intérêt aurait-on opéré ce changement aux errements antérieurs?

D'une part, les *cales de radoub provisoires* étaient comprises dans le premier compte d'établissement, et par conséquent leurs produits entraient dans le compte général de l'exploitation et appartenaient aux 40,000 actions du premier capital.

D'autre part, le premier compte d'établissement était chargé du service des intérêts et de l'amortissement de la totalité des obligations de l'emprunt de 1860 (art. 25 des statuts de 1863).

Dès lors, pourquoi constituer un amortissement particulier pour le capital engagé dans l'opération des cales de radoub provisoires? pourquoi changer un état de choses adopté depuis cinq années et consacré par le vote de toutes les assemblées générales? L'amortissement général des obligations et des actions nous dispensait évidemment de tout autre amortissement, et, si l'on avait amorti par un prélèvement spécial sur les produits des cales de radoub le capital engagé dans cette opération, on *aurait amorti à la fois le tout et la partie.*

Du reste, tous nos rapports, tous nos comptes annuels constatent que les 1,591,711 fr. 67 c. dont il s'agit ont continué de figurer au premier compte d'établissement. — Personne n'a jamais demandé qu'il fût formé un compte spécial d'amortissement de cette somme. — Et, si on l'avait demandé, nous aurions eu de très-bonnes raisons à donner à l'assemblée générale pour la dissuader d'entrer dans cette voie.

Assemblée générale du 30 avril 1870.

Fol. 16. — Toutefois, malgré cette réduction dans les recettes brutes, les produits nets sont à peu près les mêmes que l'année passée (252,323 fr. 60 c.), les fortes réparations exécutées à nos bassins dans ces trois dernières années nous ayant permis de réaliser une économie sensible sur les frais d'entretien.

Les bassins de radoub provisoires figuraient à notre actif, au 31 décembre 1868, pour. . . . .   1,591,711 fr. 67 c.
Ils figurent à notre actif, au 31 décembre 1869, pour. . . . .   1,679,928 fr. 58 c.

Cette différence de . . . .   88,216 fr. 91 c.

provient de la répartition sur tout l'actif des 2,518,940 fr. 16 c. de frais généraux, depuis l'origine de la Société (1).

C'est là un oubli complet du caractère temporaire de cette concession.

Assemblée générale du 10 août 1871.

Fol. 12. — Cette diminution provient du dock flottant; l'état de vétusté de cet instrument ne nous ayant pas permis de l'utiliser depuis la fin d'octobre, nous allons profiter de l'ouverture des bassins de radoub définitifs pour faire au dock flottant les réparations devenues inévitables et que nous ne pouvons ajourner plus longtemps (2).

Fol. 16. — Les bassins de radoub provisoires ont donné un produit brut inférieur de 71,978 fr. 10 c. à celui de 1869. La diminution du nombre et du tonnage des navires entrés dans ces bassins, signalée plus haut, explique suffisamment cette réduction.

Fol. 23. — La démolition des bassins provisoires est commencée, et nous pourrons sous peu rendre à la circulation le canal de jonction de l'ancien port avec le bassin de la Joliette.

Les 1,679,928 fr. 58 c. figurant à notre actif sont représentés par le Dock flottant en réparation.

(1) Voir page 15, (1). — (2) Voir page 77, (1).

PROPRIÉTÉ DU CAP PINÈDE

Assemblée générale du 30 avril 1860.

Fol. 9. — Toutefois nous ne devons pas vous dissimuler que la lenteur apportée par la ville de Marseille à diriger sur nos travaux les remblais nécessaires nous a un moment préoccupés et inquiétés. De plus, cet engagement de la Ville est limité aux jetées et aux terre-pleins des parcelles B et C ; il ne comprend pas les agrandissements projetés de la concession modifiée, et nous avons ainsi à pourvoir par nos propres ressources aux remblais des parcelles M et N.

Dans cet état de choses, il nous a paru prudent de ne pas nous exposer à rester au dépourvu. C'est dans ce but que nous avons acquis de M. Martin (Maximin) une propriété d'environ 70,000 mètres. Cette propriété est située au cap Pinède, à l'extrémité du bassin de l'Estaque, bassin dont le projet est arrêté en principe et dont l'exécution paraît devoir être prochainement commencée.

La propriété du cap Pinède commande et *abrite* l'emplacement probable des bassins de radoub définitifs ; à ce titre, et dans l'hypothèse où nous deviendrions concessionnaires de ces bassins, il était d'un intérêt évident pour notre Compagnie de nous assurer des terrains dont nos propres établissements doivent accroître *notablement la valeur*.

Indépendamment de ce premier avantage dont vous apprécierez l'importance, la propriété dont il s'agit met à notre disposition d'abondantes ressources en remblai ; or le *déblayement* de ces terrains, loin de nuire à leur valeur, aura au contraire pour résultat de niveler et de régulariser les surfaces, et de rendre ainsi *beaucoup plus facile* le lotissement et la revente des parties qui pourraient nous devenir inutiles.

Nous avons acquis cette propriété au prix de 400,000 francs, dont 100,000 payables comptant, et le surplus en 5 annuités de 60,000 francs chacune, échelonnées de 1861 à 1865.

Assemblée générale du 10 août 1871.

Compte général. — La propriété du cap Pinède figure à notre actif pour 715,028 fr. 75 c.;
La contenance de cette propriété est de 68,853^m,29 et le prix de revient de 10 fr. 38 c. le mètre.

DOMAINE DES BERNARDINES

Assemblée générale du 7 juillet 1863.

Fol. 14. — Depuis qu'il est question de transporter le service des Douanes au dock du Lazaret, les nombreux magasins qui, sous la dénomination de *Domaines*, étaient en possession de l'entrepôt de Douane, sont devenus l'objet d'une foule de projets de transformation. Dans le cas où la destination commerciale de ce quartier ne serait pas changée, il nous conviendrait d'y établir un entrepôt spécial pour certaines marchandises dont le mouvement est concentré dans cette partie de l'ancien port.

Bien que nous n'eussions pas à cet égard d'idée absolument arrêtée, une occasion s'est présentée d'acquérir sur le quai sud du vieux port (quai de Rive-Neuve) un domaine de 3,300 mètres de surface, mis aux enchères sur la mise à prix de 475,000 francs. Aucun autre enchérisseur ne s'étant présenté, le domaine nous a été adjugé moyennant 25 francs en sus de la mise à prix. Ce prix représente environ 160 francs le mètre, constructions comprises; le revenu moyen du domaine est de 30 à 34,000 francs, ce qui nous permettra d'attendre une occasion favorable pour rattacher, s'il y a lieu, cette nouvelle acquisition à notre exploitation principale.

Assemblée générale du 28 avril 1869.

Fol. 38. — Rapport de la commission nommée pour l'examen des comptes de 1867.
Domaine des Bernardines. — Cette propriété, acquise en vente publique, le 26 mai 1863, au prix de 475,025 francs, est ressortie, en fin d'exercice, à 507,841 francs 05 c.

Elle se composait de magasins en plein rapport; il convenait donc, ce nous semble, de limiter sa valeur sur nos livres au prix de revient; mais nous remarquons qu'en 1864 on a ajouté au capital 27,379 fr. 25 c. payés pour intérêts; on aurait dû tout au moins en déduire la somme de 21,876 fr. 75 c., bénéfice net de l'année, au lieu de la faire figurer au crédit du compte Profits et pertes. Cet immeuble figure à notre actif au 31 décembre 1867 pour 542,911 fr. 02 c. (1.)

(1) Voir page 71, (2).

Assemblée générale du 10 *août* 1871.

Compte général. — Le domaine des Bernardines figure à notre actif pour 573,000 fr. 60 c. *Notre Compagnie n'y a jamais fait aucun dépôt de marchandises.*

VOIES FERRÉES DU PORT DE LA JOLIETTE. — TRANSIT

CAHIER DES CHARGES

1859. Art. 3. — Les ouvrages à exécuter par le concessionnaire à ses frais sont : 1°, 2°, 3°, 4°.

5°. L'établissement des voies de fer et voies charretières destinées à mettre les magasins en communication, soit entre eux, soit avec les quais, soit avec les voies publiques, soit avec les voies de fer qui pourront être établies pour le service du port, soit avec la gare du chemin de fer.

Art. 6. — Le concessionnaire pourra établir sur la voie publique qui séparera le Dock de la gare du chemin de fer, avec l'autorisation de l'administration, et en se conformant à tout ce qu'elle prescrira, les voies de fer pour le service du Dock ; les rails devront être disposés de manière à n'apporter aucune gêne à la circulation des voitures ordinaires (1).

17 août 1863. — Arrêté de M. le préfet des Bouches-du-Rhône, relatif à l'exploitation des voies ferrées du port de la Joliette.

PRÉFECTURE DU DÉPARTEMENT DES BOUCHES-DU-RHONE

TARIF

DU CHARGEMENT ET DU TRANSPORT DES MARCHANDISES SUR LES VOIES FERRÉES DU PORT DE LA JOLIETTE

Nous, sénateur chargé de l'administration du département des Bouches-du-Rhône, grand-officier de l'ordre impérial de la Légion d'honneur, etc., etc.

Vu la décision ministérielle du 20 juin 1863, homologative d'un tarif proposé par la Compagnie des chemins

(1) Voir page 57, (1).

de fer de Paris à la Méditerranée, pour le chargement et le transport des marchandises sur les voies ferrées du port de la Joliette à Marseille ;

Considérant qu'il y a lieu de rendre la décision ministérielle ci-dessus visée exécutoire dans le département des Bouches-du-Rhône ;

Arrêtons :

Article 1er. — La Compagnie des chemins de fer de Paris à Lyon et à la Méditerranée est autorisée à appliquer le tarif spécial ci-après :

Tarif pour le transport des marchandises sur les chemins de fer des ports de Marseille.

Le présent tarif est exclusivement applicable aux marchandises formant des parties de 5,000 kilogrammes au minimum, à prendre sur les points des quais desservis par les voies de fer et destinées soit au Dock, soit à la gare maritime de la Joliette.

Les prix à percevoir pour le transport depuis le point du dépôt sur les quais jusqu'au Dock ou à la gare de la Joliette, y compris les frais de chargement des wagons, sont fixés comme suit :

1° Pour les marchandises classées dans les cinq premières séries du tarif général, les céréales exceptées. . . . . 1 fr. 30 } par tonne
2° Pour les céréales : avoine, blé, orge, seigle ; et pour les marchandises classées dans la 6e série et dans la série spéciale du tarif général. . . . . 1 fr. 15 } de 1,000 kilog.

Ces taxes seront appliquées par fraction indivisible de 10 kilog.

Pour les marchandises destinées à être expédiées par le chemin de fer, les prix ci-dessus comprennent les frais de chargement au départ.

Les parties de marchandises d'un poids inférieur à 5,000 kilogrammes ne seront pas admises au transport sur le chemin de fer, à moins que l'expéditeur ne consente à payer la taxe de 5,000 kilogrammes.

Art. 2. — Le tarif ci-dessus n'est homologué qu'à titre provisoire.

Art. 3. — Le présent arrêté sera notifié à la Compagnie des chemins de fer de Paris à Lyon et à la Méditerranée. Il sera imprimé et affiché.

Art. 4. — Les fonctionnaires et agents préposés à la surveillance des dits chemins de fer sont chargés d'en assurer l'exécution.

Fait à Marseille, le 17 août 1863.

Signé de Maupas.

Assemblée du 14 mai 1864.

Fol. 30. — Enfin, en vertu d'un traité avec la Compagnie du chemin de fer, et avec l'approbation de l'administration supérieure, nous nous sommes chargés de l'exploitation des voies de fer de service qui mettent les quais du port de la Joliette en relation directe avec la gare maritime du chemin de fer. Ces voies de fer seront probablement prolongées sur les quais du vieux port, et, en facilitant ainsi nos communications avec tous les ports anciens et nouveaux, ce service doit devenir une source de produits directs et indirects (1).

Voici le texte de l'arrêté de M. le préfet :

Nous, sénateur, chargé de l'administration du département des Bouches-du-Rhône,

Vu l'arrêté du 13 octobre 1859, par lequel M. le préfet des Bouches-du-Rhône a autorisé la Compagnie du chemin de fer de Lyon à la Méditerranée à établir des voies ferrées sur la partie des quais du port de Marseille comprise entre le pont tournant du bassin de stationnement et l'extrémité de la traverse du Lazaret, et à exploiter ces voies en percevant des taxes à fixer par l'administration ;

Vu la lettre du 2 septembre courant, par laquelle le Directeur de la Compagnie permissionnaire et le Directeur des Docks et Entrepôts de Marseille demandent que l'autorisation soit fixée par l'arrêté susvisé, soit transférée de la Compagnie du chemin de fer à celle des Docks et Entrepôts; ensemble la convention passée le 31 août dernier entre les représentants des deux Compagnies ;

Vu le rapport du 8 et 9 septembre courant, de MM. les ingénieurs du service maritime,

Arrêtons :

ARTICLE 1er. La Compagnie des Docks et Entrepôts de Marseille est substituée à la Compagnie du chemin de fer de Paris à la Méditerranée pour le bénéfice et les charges de l'autorisation d'établir des voies de fer sur une partie des quais du port de Marseille, accordée à cette dernière Compagnie *par l'arrêté préfectoral du 13 octobre 1859*.

ART. 2. La Compagnie des Docks et Entrepôts de Marseille est autorisée à percevoir pour l'exploitation des voies de fer construites ou à construire, en vertu de l'arrêté précité, les taxes résultant du tarif de la Compagnie du chemin de fer, homologué par la décision ministérielle du 20 juin 1863, qui a été rendue exécutoire par notre arrêté du 17 août suivant.

ART. 3. La perception de ces taxes continuera d'être faite par la Compagnie du chemin de fer pour les marchandises transportées du quai à la gare maritime du chemin de fer, et réciproquement.

ART. 4. Expédition du présent arrêté sera adressée à M. l'ingénieur en chef du service maritime, aux frais de son exécuteur.

Marseille, le 21 septembre 1863.

Par délégation : *le secrétaire général*,
Signé FOURQUIER.

Assemblée du 29 avril 1865.

Fol. 17. — Les voies des ports mises en service sur les quais extérieurs et les voies publiques figurent pour la première fois dans les comptes de cette année pour 8,931 fr. 17 c. ; mais il convient de noter que ces voies ont été construites par les soins de la Compagnie de Paris-Lyon-Méditerrannée, à qui nous aurons à les rembourser. Ce compte n'est pas arrêté, et sera d'ailleurs susceptible de certaines compensations. C'est un article à réserver.

Fol. 27. — Le service des voies des ports établies sur les quais extérieurs au Dock s'est élevé à 17,919 tonnes et a donné un produit net de 16,076 fr. 93 c.

(1) Voir page 55, (2).

Ce moyen de transport tend à devenir chaque jour plus actif, et, indépendamment des facilités qu'il donne, soit au commerce, soit à nous-mêmes, pour le service des Entrepôts, il est destiné à porter un certain contingent à nos produits.

Assemblée du 30 avril 1866.

Fol. 12. — Le service des voies des ports établies sur les quais publics, en dehors des établissements de la Compagnie, a transporté 52,329 tonnes.

Une organisation nouvelle de ce service lui assure désormais un trafic important ; les produits du premier trimestre 1866 dépassent déjà ceux de l'année 1865 tout entière.

Assemblée générale du 30 avril 1867.

Fol. 11. — Nous avons jusqu'ici dans nos précédents Rapports traité séparément et dans des paragraphes distincts les opérations relatives :

1° Aux marchandises qui, en provenance ou en destination du chemin de fer, s'embarquent ou se débarquent sur nos quais sans entrer en magasin ;

2° A celles qui empruntaient la voie des ports, quelle que fût leur provenance.

Il nous a paru qu'en raison de leur similitude de traitement et de tarification ces opérations devaient être groupées.

Fol. 13. — Les facilités que procure l'embarquement des houilles, au débarquement des minerais, et en général aux marchandises encombrantes, sont chaque jour plus appréciées. Le service rendu *au commerce et à la navigation* est attesté par ce mouvement de 379,066 tonnes ; *mais on ne saurait se dissimuler que le bénéfice qui en résulte pour la Compagnie est très-limité, en raison des bas tarifs qui nous sont imposés.*

1868. — *Mémoire à l'appui de la demande en révision de la concession 1856-1860.*

Fol. 14. — Nous n'entendons pas dire par là que le port de Marseille soit entré dans une période de décroissance ; seulement on ne saurait méconnaître que le progrès porte à peu près exclusivement sur le commerce de transit. Ce résultat est dû à l'immense extension du réseau des chemins de fer et au développement presque aussi considérable de la navigation à vapeur se substituant chaque jour davantage à la navigation à voile ; la rapidité et la facilité des relations qui en résultent mettent le producteur des matières premières en présence de l'industriel qui les emploie. Or, tout ce qui favorise les relations directes entre le producteur et le consommateur tend nécessairement à réduire l'importance des anciens marchés d'entrepôt. Cette transformation est surtout sensible à Marseille, car c'est dans la Méditerranée principalement que la navigation s'est accrue dans des proportions que personne, il y a quelques années, n'aurait osé prévoir. Le chemin de fer et le bateau à vapeur se rencontrent à Marseille pour ainsi dire bout à bout, et la marchandise passe du pont du navire sur le wagon du chemin de fer et réciproquement, presque toujours sans stationnement, et par conséquent presque sans emmagasinage (1).

Fol. 17. — Nous le répétons, rien n'est disposé au Dock pour un mouvement aussi considérable et qui touche aux plus graves intérêts commerciaux et industriels.

Il s'agit de rendre facile et économique l'exportation par mer des houilles françaises, afin de leur permettre de lutter dans le bassin de la Méditerranée contre les houilles anglaises.

Il s'agit de l'approvisionnement des grandes usines métallurgiques.

Il s'agit d'assurer au chemin de fer des transports considérables, et à la marine marchande un élément de fret absolument nécessaire à sa prospérité, et peut-être à son existence.

En présence d'intérêts aussi essentiels et aussi urgents, le Gouvernement reconnaîtra certainement que le moment est venu d'aviser.

Fol. 29. — La Compagnie a pu se flatter, il est vrai, de trouver certaines compensations dans le développement du service des bateaux à vapeur et dans le progrès du transit; mais ici encore son essor a été arrêté par l'insuffisance et la mauvaise distribution des espaces dont elle dispose. D'ailleurs la marchandise qui transite ne comporte que des manutentions limitées, elle ne donne lieu à aucun magasinage, *et dès lors elle ne peut jouer dans les produits du Dock qu'un rôle secondaire et peu rémunérateur*. A moins d'opérer sur de grandes quantités, les résultats de ce trafic seront toujours hors de proportion avec les charges du capital engagé (2).

Assemblée générale du 30 avril 1868.

Fol. 4. — Règlement fait avec la Compagnie du chemin de fer Paris-Lyon-Méditerranée du prix de la voie des ports qui avait été établi par cette Compagnie et pour laquelle nous avons été substitués à sa concession en vertu d'un arrêté préfectoral en date du 21 septembre 1865. Cet article n'est donc que la régularisation d'une dépense ancienne dont le règlement avait été suspendu : 338,802 fr. 78 c.

Fol. 21. — Vous savez d'ailleurs que cette nature de marchandise (houille française et minerais de fer) passe presque directement du navire au chemin de fer, ou du chemin de fer au navire, et ne donne lieu, par conséquent, qu'à des tarifs de manutention *excessivement limités*.

(1) Voir page 14, (2). — (2) Voir page 31, (1).

Assemblée générale du 28 *avril* 1869. — *Rapport de la commission nommée pour l'examen des comptes de* 1867.

Fol. 40. — Votre commission avait le projet de se rendre à Marseille pour se rendre compte dans tous ses détails de l'exploitation des Docks. La maladie de l'un de ses membres ne lui a pas permis de réaliser son projet; la commission a la ferme croyance que les tarifs ont besoin d'être sérieusement revisés (1).

Paris, 27 avril 1869.

H. Teyssier, Moussette, Lévy-Crémieu.

1872. — *Le tarif des voies ferrées du port de la Joliette est le seul qui n'ait pas été revisé. Quel peut en être le motif?*

MOLE DE L'ABATTOIR

Assemblée générale du 30 *avril* 1867.

Fol. 5. — L'importance qu'ont prise l'exportation des houilles et l'importation des minerais ne permettait pas de conserver cette branche importante de notre exploitation sur le quai de Rive de la parcelle M, nous avons en conséquence transféré ce service sur le môle de l'Abattoir. Cette translation a nécessité, pour le remaniement du sol, la fourniture et la pose des rails, la construction d'un mur d'abri, etc., une dépense qui figure au compte de l'exercice pour 381,302 fr. 88.

1868. — *Mémoire à l'appui de la demande en révision de la concession* 1856-1860.

Fol. 19. — En toute hypothèse, le môle de l'Abattoir devrait nécessairement conserver sa destination actuelle. La Compagnie a déjà dépensé sur ce môle plusieurs centaines de mille francs ; d'autres dépenses seront encore nécessaires ; *or une possession temporaire et précaire*

---

(1) Voir page 32, (1).

ne comporte pas des installations aussi coûteuses, et la Compagnie attache le plus grand prix à ce que le môle de l'Abattoir soit définitivement incorporé dans la concession.

Assemblée générale du 30 avril 1868.

Fol. 5. — La dépense totale des travaux exécutés au môle de l'Abattoir s'élève donc dans son ensemble à 435,589 fr. 34.

Vous savez que ce môle, qui nous est si nécessaire et qui rend de si grands services, n'est pas compris dans la concession proprement dite : nous en avons l'usage en vertu d'une simple amodiation. Toutefois nous n'avons pas hésité à faire sur ce point les travaux nécessaires pour en rendre l'exploitation utile et fructueuse. Nous demandons à l'État d'établir sur des bases plus stables la situation de la Compagnie. *Provisoirement nous ne croyons pas devoir soumettre les dépenses faites sur le môle à un amortissement spécial*, et nous les comprenons dans l'ensemble de nos dépenses de premier établissement.

1er SEPTEMBRE 1868. — CAHIER DES CHARGES POUR L'UTILISATION DES TRAVERSES DE L'ABATTOIR POUR LE SERVICE DES HOUILLES, MINERAIS ET FONTES BRUTES EN TRANSIT.

DÉPÊCHE MINISTÉRIELLE DU 21 AVRIL 1868

CAHIER DES CHARGES

ARTICLE 1er. — La traverse de l'Abattoir, partie attenante à terre, *est provisoirement affectée*, sur une longueur de 527^m,70, compris 15^m,40 appartenant au quai de Rive, et une longueur de 45^m,00, mesurée à partir de l'arête du mur de quai sud, au service des houilles, des minerais et des fontes brutes en transit.

ART. 2. — La Compagnie des Docks-Entrepôts, à qui est accordée l'autorisation d'exploiter cette traverse, devra y effectuer les installations spéciales qui figurent sur le plan dressé par elle le 12 octobre 1866, telles que grues, voies de fer, mur de clôture, de manière à rendre cette exploitation la meilleure possible.

L'exécution de ces installations aura lieu sous le contrôle et la surveillance de l'administration.

ART. 3. — Le permissionnaire aura à entretenir à ses frais, et sous le contrôle de l'administration, toutes les installations qui auront été approuvées.

Si certaines parties de ces installations ne sont pas constamment entretenues en bon état, il pourra y être pourvu d'office, à la diligence de l'administration et aux frais du permissionnaire.

Le montant des avances sera recouvré au moyen de rôles que le préfet rendra exécutoires.

ART. 4. — Les remaniements de la traverse telle qu'elle existe aujourd'hui et que pourront comporter les travaux à exécuter par le permissionnaire, seront exclusivement à sa charge.

ART. 5. — Les frais de visite, de surveillance et de réception des travaux seront à la charge du permissionnaire. Ces frais seront réglés par M. le ministre sur la proposition du préfet, et le permissionnaire sera tenu d'en verser le montant dans la caisse du receveur général pour y être distribué à qui de droit.

ART. 6. — L'administration aura la faculté, à toute époque, d'affecter la traverse de l'Abattoir à une autre destination, si elle le juge utile. Dans ce cas, le permissionnaire devra, dans les six mois de la notification, enlever ses rails, plate-formes et appareils de toute nature, et remettre les quais entièrement libres à qui de droit, et cela sans indemnité aucune.

L'administration se réserve également de désigner, s'il y a lieu, un autre emplacement pour le service des houilles, minerais et fontes en transit, et de pourvoir, par une autorisation nouvelle ou par tout autre mode de concession, à la continuation de ce service.

ART. 7. — Le permissionnaire sera autorisé à percevoir sur les marchandises débarquées ou embarquées, et à raison soit des dépenses faites de premier établissement, soit des opérations qu'il sera tenu d'exécuter, les tarifs suivants :

HOUILLES

1° Prendre les wagons chargés à la gare maritime du chemin de fer de Paris à la Méditerranée ; les amener à quai par les voies de fer des ports ; mettre la marchandise sur le pont du navire, où l'équipage la prendra pour la descendre dans la cale et l'arrimer, ramener les wagons vides à la gare,

	1er sept. 1868	1er août 1871
Par tonne......................................	1f 20c	1f 40c
2° Mêmes opérations que dessus, avec l'obligation, dans le cas où le navire désigné pour charger la marchandise ne serait pas prêt à la recevoir, de la déposer provisoirement sur les plates-formes et de l'y reprendre pour la mettre sur le pont du navire..	2 15	2 40
MINERAIS ET FONTES BRUTES		
3° Sortir de la cale du navire la marchandise préalablement placée dans des bennes ou sur des plateaux par les soins de l'équipage, la mettre sur wagons, conduire les wagons à la gare maritime du chemin de fer de Paris à la Méditerranée, Par tonne...............................	1 15	1 40
4° Mêmes opérations qu'au n° 3, avec l'obligation, faute de matériel de chemin de fer, de déposer provisoirement la marchandise sur les plates-formes et de l'y reprendre pour la mettre en wagons, Par tonne...............................	2 25	2 60
5° Mettre sur wagons la marchandise livrée sur quai par les soins de l'équipage, conduire les wagons à la gare maritime du chemin de fer de Paris à la Méditerranée, Par tonne...............................	1 »	1 15
6° Mêmes opérations qu'au n° 5, avec l'obligation, faute de matériel de chemin de fer, de déposer provisoirement la marchandise sur les plates-formes et de l'y reprendre pour la mettre en wagons, Par tonne...............................	2 10	2 40
7° Pour les houilles, comme pour les minerais et fontes brutes, le permissionnaire sera tenu, s'il en est requis, soit de descendre les houilles dans la cale et de les y arrimer, soit de désarrimer les minerais et fontes brutes y déposés et de les mettre dans des bennes ou sur des plateaux, moyennant un prix par tonne de........	0 50	0 50

Art. 8. — A moins d'une autorisation spéciale de l'administration, il est interdit au permissionnaire de faire directement ou indirectement avec des entrepreneurs de transport de marchandises, sous quelque dénomination ou forme que ce puisse être, des arrangements qui ne seraient pas consentis en faveur de toutes les entreprises ayant le même objet.

Art. — 9. Le permissionnaire ne sera admis à réclamer aucune indemnité à raison des troubles et des interruptions de service qui pourraient résulter, soit de mesures temporaires et de police, soit de travaux exécutés sur la voie publique, tant par l'administration que par les Compagnies ou les particuliers régulièrement autorisés, ni enfin pour une cause quelconque résultant du libre usage de la voie publique.

Art. 10. — Le permissionnaire payera, pendant la durée de sa jouissance, une redevance annuelle de fr. 327,70.

Art. 11. — Le permissionnaire sera tenu de se conformer aux règlements actuellement en vigueur et à ceux qui seraient arrêtés ultérieurement en ce qui concerne la police des quais et du port de Marseille.

Dressé par l'ingénieur en chef du service maritime soussigné,

Signé Pascal.

Le présent cahier des charges, approuvé par décision de M. le ministre de l'agriculture, du commerce et des travaux publics, en date du 11 août dernier, est et demeurera annexé à notre arrêté de ce jour.

Marseille, le 1ᵉʳ septembre 1868.

Le préfet des Bouches-du-Rhône,
Signé Levert.

Pour expédition conforme :
Le secrétaire général,
Signé de Marbotin.

Assemblée générale du 10 août 1871.

Fol 4. — Môle de l'Abattoir, installation d'une voie ferrée extérieure et d'une bascule, 12,704 fr. 54.

Compte général. — Les dépenses spéciales au môle de l'Abattoir figurent à notre actif pour 472,518 fr. 37.

Fol. 21. — Au nombre des tarifs revisés, il faut noter celui qui s'applique aux opérations d'embarquement et de débarquement des houilles, minerais, fontes, etc., en transit au môle de l'Abattoir.

Les prix nouveaux sont inscrits au tableau ci-dessus.
Le môle de l'Abattoir ne fait pas encore partie de notre concession.

BASSINS DE RADOUB DÉFINITIFS

Assemblée générale du 7 juillet 1863.

Fol. 37. — L'Assemblée générale approuve et ratifie la convention passée entre S. Exc. le ministre de l'agriculture, du commerce et des travaux publics et la Compagnie des Docks et Entrepôts de Marseille à la date du 22 juin dernier, et relative à la concession des bassins de réparation et appareils de radoub du port de Marseille.

Assemblée générale du 30 avril 1866.

Fol. 9. — Il a été fait entre les mains de l'État un premier versement de 390,000 francs sur la subvention à la charge de la Compagnie.
La construction de ces bassins se poursuit en 1866 avec activité.

Assemblée générale du 30 avril 1867.

Fol. 9. — En 1866, il a été fait un second versement de 330,000 francs, ce qui, avec les intérêts accessoires, porte à 745,596 fr. 89 les débours de la Compagnie, valeur du 31 décembre 1866.

La dépense totale, comprenant la contribution aux dépenses de l'État et les constructions à faire par la Compagnie, étant évaluée à . . . . 6,500,000 fr.
Sur lesquels il a été versé . . . . 720,000 fr.
Il reste à pourvoir à une dépense d'environ . . . . 5,780,000 fr.

Assemblée générale du 28 avril 1869.

Fol. 12. — Par suite, le débit des bassins et cales de radoub définitifs, arrêté au 31 décembre 1868, s'élève à 1,470,056 fr. 59.

Assemblée générale du 10 août 1871.

Fol. 23. — La démolition des bassins provisoires est commencée, et nous pourrons dans peu rendre à la circulation le canal de jonction de l'ancien port avec le bassin de la Joliette. Nous avons tout lieu d'espérer que les résultats de l'exploitation des bassins de radoub définitifs seront de nature à compenser le produit des bassins provisoires dont nous allons être privés.

L'administration veut sans nul doute dire que « les résultats de l'exploitation des bassins de radoub définitifs seront de nature à compenser le produit des bassins provisoires dont nous allons être privés, » plus une rémunération suffisante pour les 6,500,000 fr., *sa part contributive à leur construction.*

ACTIONS. — DEUXIÈME ÉMISSION

Assemblée générale du 29 avril 1865.

Fol. 56. — Sur les 3,144 actions non souscrites au 31 décembre 1864, 1070 l'ont été depuis; 2,074 actions restent à souscrire.

Jusqu'ici nous avons cru devoir user des plus grands ménagements envers ceux des porteurs de titres anciens non estampillés qui ont négligé de souscrire les actions auxquelles ils ont droit. Mais cette tolérance doit avoir un terme, et nous nous proposons de leur assigner le 1er août pour dernier délai. Passé ce délai, nous disposerons de ces actions conformément aux Statuts, et au mieux des intérêts de la Société.

			PLUS HAUT.		PLUS BAS.	
1865. Août. — Actions des Docks de Marseille.			550 fr.	» c.	500 fr.	» c.
Septembre.	—	—	532	50	522	50
Octobre.	—	—	525	»	500	»
Novembre.	—	—	500	»	490	»
Décembre.	—	—	495	»	462	50
Année entière.	—	—	610	»	462	50

Assemblée générale du 30 avril 1866.

Fol. 20. — Enfin nous possédons 2,074 actions non souscrites, mais nous n'en disposerons qu'autant que l'état du marché et le progrès certain de notre exploitation auront ramené nos titres à leur valeur intrinsèque et normale. Ces 2074 actions calculées au pair donnent 1,037,000 fr.

Assemblée générale du 30 avril 1870.

Fol. 35. — Première résolution.
Sur la proposition du Conseil d'administration,
L'Assemblée générale extraordinaire annule définitivement 2,000 actions (n°s 78,001 à 80,000) qui n'ont pas été souscrites et réduit en conséquence le capital social à fr. 39,000,000, représentés par 78,000 actions; décide que les 74 actions formant le solde, etc., etc.
Par quel motif ces 2,074 actions n'ont-elles pas été vendues après le 1er août 1865 ?

ASSEMBLÉES GÉNÉRALES

STATUTS.

Art. 53. — Tout titulaire ou porteur de vingt actions est de droit membre de l'Assemblée générale.
Nul ne peut être porteur de pouvoirs d'actionnaires s'il n'est actionnaire lui-même.
La forme des pouvoirs est déterminée par le Conseil d'administration.
L'Assemblée générale est régulièrement constituée lorsque les actionnaires présents sont au nombre de trente au moins, et réunissent dans leurs mains le dixième des actions émises.

COMPAGNIE
DES
DOCKS ET ENTREPOTS
DE MARSEILLE
rue St-Lazare, 88

Paris, 15 juillet 1871.

Monsieur,

L'Assemblée générale annuelle des actionnaires, qui devait avoir lieu au mois d'avril dernier, et que les circonstances ont retardée, est convoquée pour le jeudi 10 août prochain, à Paris, rue Richelieu, n° 100, salle Lemardelay, à 3 heures.

J'ai l'honneur de vous adresser la carte d'admission à laquelle vous avez droit, comme titulaire de actions nominatives, et je vous prie de vouloir bien me faire savoir, le plus tôt qu'il vous sera possible, si vous comptez faire usage de cette carte, en assistant vous-même à l'Assemblée générale, ou en vous y faisant représenter.

Dans ce dernier cas, vous pouvez, d'après les Statuts, *déléguer vos pouvoirs à un actionnaire, même possesseur de moins de 20 actions.* Le mandat résultera de l'apposition de votre signature avec le nom du mandataire sur la formule de pouvoir qui est au verso de votre carte. Votre mandataire devra déposer à la Compagnie son pouvoir et les titres qu'il possède personnellement avant le 1er août.

Si votre mandataire a lui-même une carte d'admission à l'Assemblée générale, il suffira qu'il la présente à la Compagnie, avant le jour de la convocation, avec le pouvoir que vous lui aurez donné, afin qu'il soit délivré une nouvelle carte réunissant l'ensemble des actions et le nombre de voix qu'elles comportent.

Si, à défaut de mandataire déterminé, il entre dans vos convenances de confier au Conseil d'administration le soin de vous faire représenter, vous voudrez bien me renvoyer votre carte après avoir signé le pouvoir sans indiquer le nom du mandataire.

Dans le cas où vous auriez, en sus de vos actions nominatives, des actions au porteur, libres ou confiées à un établissement de crédit, vous êtes invité à déposer à la Compagnie, soit les titres au porteur, soit le certificat délivré par l'établissement dépositaire. Votre carte d'admission serait alors rectifiée et complétée.

L'insuffisance des actions représentées devant avoir pour effet d'empêcher la constitution de l'Assemblée, et, par conséquent, d'obliger les actionnaires à un nouveau déplacement, le Conseil m'a chargé d'insister auprès de chacun d'eux pour qu'il veuille bien prendre en sérieuse considération l'invitation contenue dans la présente lettre.

Agréez, monsieur, l'assurance de ma considération très-distinguée.

Le chef du service central,
P. LEVEL.

Les dépôts sont reçus :
A Paris, 88, rue Saint-Lazare,
A Marseille, place de la Joliette.

Ainsi, d'après les Statuts, chacun de nous peut, avec un porteur d'une action et un pouvoir, créer un actionnaire assistant à l'Assemblée générale.

ART. 58. — L'Assemblée générale est présidée par le président du Conseil d'administration, et, en cas d'empêchement, par le membre que le Conseil d'administration aura désigné à cet effet.

Les deux plus forts actionnaires présents à l'ouverture de la séance remplissent les fonctions de scrutateurs, et, sur leur refus, les deux plus forts actionnaires après eux, jusqu'à acceptation.

Le secrétaire est désigné par le Bureau.

Art. 62. — Les délibérations de l'Assemblée générale, prises conformément aux Statuts, obligent tous les actionnaires, même absents ou dissidents.

Elles sont constatées par des procès-verbaux signés par tous les membres du Bureau, ou au moins par la majorité d'entre eux.

Voilà pourquoi le procès-verbal de l'Assemblée générale du 10 août 1871 n'a pas été présenté à la signature de M. H. Teyssier, l'un des deux scrutateurs.

Il est valable, étant signé par

M. Paulin Talabot, président de l'Assemblée,

M. P. Level, secrétaire, chef du service central de la Compagnie,

Et un des deux plus forts actionnaires scrutateurs.

NOMINATION D'UNE COMMISSION DES COMPTES

Assemblée générale du 30 avril 1867.

Fol. 24. — Conformément au vœu exprimé l'année passée par une partie de l'Assemblée générale, et qui a été reproduit depuis cette époque par quelques actionnaires importants, nous vous proposons de constituer une commission spéciale de trois membres choisis en dehors du Conseil d'administration, et chargés de vérifier les comptes de l'exercice écoulé.

Par suite, l'approbation des comptes de l'exercice, sur laquelle vous allez avoir à statuer, aura lieu sous réserve de la vérification de la Commission dont le rapport vous sera présenté l'année prochaine.

Assemblée générale du 30 avril 1868.

Fol. 58. — Extrait du rapport de la commission.

La commission que vous allez nommer pour la vérification des comptes de 1867 pourra, si vous l'y autorisez, se livrer à un examen complet de la gestion des affaires de la Société depuis son origine. Le Conseil d'administration a déclaré qu'il prêterait avec empressement son concours pour cet examen.

Assemblée générale du 28 avril 1869. — Extrait du rapport de la commission.

Fol. 35. — En exécution du mandat que vous nous avez confié l'année dernière, nous venons vous communiquer les résultats de l'examen que nous avons fait des divers éléments de la comptabilité depuis l'origine de votre Compagnie jusqu'au 31 décembre 1867.

Nos remarques porteront plus particulièrement sur les immeubles acquis.

. . . .

Résumé.

Fol. 38. — En résumé, les actionnaires savaient par la lecture des rapports que, depuis l'origine de la société au 31 décembre 1863, il avait été prélevé sur le capital pour le service des intérêts statutaires 1,146,861 fr. 25.

Cette somme est réduite en 1864 à 57,857 fr. 88, par le transfert au deuxième compte d'établissement du solde de 1,089,003 fr. 37, suivant détail.

566,224 fr. 20 Intérêts sur les terrains de Montredon, du 29 fév. 1859 au 31 déc. 1863.
49,549 fr. 53 id. Sur les terrains du cap Pinède de 1860 au 31 décembre 1863.
472,316 fr. 27 id. Sur les parcelles F, G, et îlots 40, 44, 49, 55, 60.
913 fr. 57 id. Sur le domaine des Bernardines.

1,089,003 fr. 37 Même somme.

Il était à croire que cette somme, qui figure au premier compte d'établissement sous la rubrique de : *Excédant du service des intérêts sur les produits*, serait le point de départ d'un même chapitre au deuxième compte d'établissement ; il n'en est pas ainsi : cette somme est ajoutée au solde de chacun des chapitres et vient grossir d'autant le capital. C'est une transformation complète en passant d'un compte à un autre : « excédant du service des intérêts sur les produits » dans le premier, « capital » dans le deuxième ; si l'on ajoute à cette somme de 1,089,003 fr. 57 les intérêts cumulés de chacun des chapitres de ce deuxième compte, et des actions nouvelles, on arrive à ce résultat que le deuxième compte d'établissement, avec l'héritage qu'il a reçu du premier, est au 31 décembre 1867 en insuffisance réelle de 2,634,243 fr. 17, au lieu de 347,496 fr. 57.

Cette différence, toute de comptabilité, nous le reconnaissons, de 2,286,846 fr. 60 serat-elle compensée par la plus-value des terrains ? C'est ce que nous sommes hors d'état de déciper ; *mais il nous a paru utile de vous mettre en face de la situation réelle de votre entreprise au moment où la deuxième série des actions va entrer en partage des bénéfices.*

Sous réserve de ces observations, nous vous proposons d'approuver les comptes de l'exercice 1867.

Paris, 27 avril 1869. Ont signé H. Teyssier, Moussette, Lévy-Crémieu.

Observations du Conseil d'administration en réponse au rapport de la Commission de vérification des comptes.

Fol. 48. — La commission n'approuve pas le mode de procéder qui a été suivi en 1864 d'abord, et ensuite, d'année en année, en 1868. La Commission est d'avis que nous n'aurions pas dû ajouter les intérêts accessoires au capital ajouté dans nos opérations de terrains, et que ces intérêts auraient dû être portés au compte portant le titre : *Liquidation des exercices*, qui se compose des intérêts prélevés annuellement sur le capital par suite de l'insuffisance des produits ; enfin la commission constate que, si nous avions procédé d'après son système, le compte *Liquidation des exercices*, au lieu de solder au 31 décembre 1867 par 347,496 fr. 52, solderait par 2,634,243 fr. 17 (1).

Le calcul est exact, mais il reste à savoir si nous aurions mieux fait d'adopter le système indiqué par la Commission. Or nous croyons que notre système est, non-seulement préférable, mais encore le seul conforme aux Statuts.

Il ne peut pas y avoir de difficulté possible en ce qui concerne les intérêts antérieurs à 1863 et qui ont été, en 1864, transférés du compte général au compte spécial ; c'était la conséquence forcée de la séparation des deux comptes.

Mais, en ce qui concerne l'adjonction des intérêts à partir de 1864 jusqu'à 1868, la régularité de cette opération n'est pas moins évidente.

En effet, nous retrouvons dans les Statuts de 1863 une clause absolument semblable à celle qui faisait l'objet de l'article 24 des Statuts de 1859 ; l'article 27 est ainsi conçu :

« Pendant la période comprise entre le 1er janvier 1864 et le 31 décembre 1866, il sera payé annuellement aux 40,000 actions nouvelles 5 p. 100 d'intérêt des sommes versées.

« Il sera pourvu à ce service par les intérêts des placements de fonds provenant de la deuxième émission, et par les produits de toute espèce des établissements sociaux formant l'objet du second compte de premier établissement, et, en cas d'insuffisance, par un prélèvement sur le capital des 40,000 actions de la seconde émission. »

(1) Voir page 15, (2) ; page 17, (1) ; page 19, (3)

Dès lors, si nous avions dégrevé le compte *Terrains* des intérêts qui y ont été ajoutés, il aurait bien fallu reporter une somme absolument semblable au compte *Liquidation des exercices* et, sous cette dernière forme, les intérêts dont il s'agit n'en auraient pas moins été ajoutés au capital dépensé.

Ainsi, dans les deux hypothèses, le résultat est absolument le même, et l'intérêt de la question reste purement théorique (1).

En fût-il autrement, nous croirions avoir fait sagement en vous proposant de grever annuellement les terrains de la charge des intérêts ajoutés au capital; et, en agissant ainsi, croyez-le bien, il n'est pas entré un instant dans notre pensée de vous faire illusion sur la valeur de ces terrains. — Ainsi que nous vous le disons dans le rapport qui vient de vous être lu, c'était pour nous un devoir de vous faire connaître ce que coûtent ces terrains; l'avenir dira ce qu'ils valent.

Si nous avions apporté dans cette question la moindre préoccupation personnelle, si nous avions cherché à surexciter vos espérances sur les résultats de la liquidation finale de nos opérations en terrains, nous aurions fait précisément ce que la Commission regrette que nous n'ayons pas fait. Les terrains figureraient dans nos comptes pour la valeur d'acquisition, et nous ne les aurions grevés d'aucune charge d'intérêts. Placés ainsi en présence d'une dépense réduite, vous auriez pu vous flatter de réaliser, soit un bénéfice plus élevé, soit une perte moindre.

Au contraire, vous savez exactement aujourd'hui quelle est la dépense, en principal et intérêts, des terrains de votre domaine privé. Vous reconnaîtrez sans doute avec nous que ce mode de procéder est à la fois le plus loyal, le plus sincère et le plus conforme à tous les précédents en pareille matière.

Ces observations générales nous dispensent d'entrer dans l'examen des cas particuliers relevés par la commission; il s'agit toujours du même principe, et ce principe doit recevoir partout la même application (2).

Enfin, et pour conclure, nous devons ajouter qu'à partir de 1869 la période transitoire prend fin, les deux comptes se confondent; le prélèvement des intérêts sur le capital cesse d'être autorisé, et, à moins que vous n'en décidiez autrement, l'évaluation finale des terrains du domaine privé reste fixé au chiffre résultant des comptes arrêtés au 31 décembre 1868.

(1) Voir page 75, (1). — (2) Voir page 55, (1).

RÉSULTAT DU SYSTÈME DE COMPTABILITÉ MIS EN PRATIQUE PAR LA COMPAGNIE

LIQUIDATION DES EXERCICES PRÉCÉDENTS

31 décembre 1863. — Excédant du service des intérêts sur les produits et de l'exploitation des placements de fonds. 1,146,861,25

LIQUIDATION DES EXERCICES PRÉCÉDENTS

31 décembre 1864. — Excédant du service des intérêts sur les produits de l'exploitation et des placements de fonds. 57,857,88

Produit net de l'exercice 1864 1,022,552,49

RÉPARTITION DU PRODUIT NET

A-compte payé aux actions de la 1re série le 1er novembre 1864 à raison de 12 fr. 50 par action. . . . . 500,000 »
Solde à payer à partir du 1er mai 1865 à raison de 12 fr. 50 par action . 500,000 »
1/4 de l'excédant après payement de 5 p. 100 aux actions, à porter au crédit du compte *Liquidation des exercices précédents* (art. 26 des statuts). 5,638,12
3/4 de l'excédant à reporter au compte de l'exercice 1865 16,914,36

Total égal. 1,022,552,48

LIQUIDATION DES EXERCICES PRÉCÉDENTS

31 décembre 1865. — Excédant du service des intérêts sur les produits de l'exploitation et du placement de fonds 52,219,76

Produit net de l'exercice 1865 1,255,511,64

RÉPARTITION

Dividende aux actions de la 1re série à raison de 30 fr. par action . . . . 1,200,000 »
(Sur cette somme il a été payé 12 fr. 50 le 1er novembre 1865, et il sera payé 17 fr. 50 pour solde le 1er mai).
Au Crédit et pour annulation du compte *Liquidation des exercices précédents*. 52,219,76
Solde à reporter à l'exercice 1866. 3,291,88

Total égal. 1,255,511,64

Assemblée générale du 15 avril 1866.

Fol. 15. — Il est utile de noter que l'exercice 1865 se trouve grevé pour la première fois de l'amortissement des obligations, soit de 38,515 fr. 46 c., *plus de 52,219 fr. 76 c. pour intérêts arriérés.*
L'amortissement de ces intérêts avait été en 1864 de 5,638 fr. 12 c.; à partir de l'année prochaine, nous n'aurons à subir aucun prélèvement de ce chef.
Voilà le résultat pratique des observations purement théoriques de la Commission (1).

Assemblée générale du 28 avril 1869.

Fol. 51. — Troisième résolution.
Conformément à la proposition du Conseil d'administration, les comptes de l'exercice 1868 seront soumis à l'examen d'une Commission de trois membres chargés d'en faire son rapport à l'Assemblée générale dans sa prochaine réunion.
Cette Commission reçoit en outre tous pouvoirs à l'effet de vérifier également les comptes de l'exercice 1869, dans le cas où elle reconnaîtrait la possibilité de procéder à cette vérification avant la réunion de la prochaine Assemblée générale.
L'Assemblée générale nomme membres de cette Commission : MM. Hugues Teyssier, Lévy-Crémieu, P. Moussette.

Assemblée générale du 30 avril 1870.

Fol. 34. — Rapport de la Commission de vérification des comptes :
Non-seulement nous approuvons les réclamations qu'a faites notre Conseil, mais nous les trouvons insuffisantes, car le préjudice causé est de deux natures :
1° Inexécution, pendant plusieurs années, du contrat qui obligeait la douane à nous livrer exclusivement les marchandises d'entrepôt fictif ;
2° Modification, pendant notre concession, d'une législation douanière qui devait nous procurer la rémunération des dépenses qu'on nous a imposées.
Des changements politiques dans les choses et dans les personnes ont, paraît-il, empêché les négociations de notre Conseil d'administration d'aboutir cette année.
Nous aimons à croire que notre Conseil est, comme nous, convaincu qu'il doit déployer

(1) Voir page 71, (1).

cette année une activité constante, car il n'est pas possible qu'il puisse se représenter devant vous, l'année prochaine, dans la même situation qu'aujourd'hui.

Unissons-nous, messieurs. L'union fait la force et amène les résultats. Quand nous aurons obtenu justice de l'État, il sera toujours temps de nous occuper des critiques secondaires et des améliorations de diverses natures dont la constitution du Dock a paru susceptible à plusieurs d'entre vous.

Sur le mérite de ces observations, nous vous proposons d'approuver définitivement les comptes des exercices 1868 et 1869.

Paris, 30 avril 1870.

LÉVY-CRÉMIEU, MOUSSETTE.

Fol. 36. — Quatrième résolution.

Sur la proposition du Conseil d'administration,

L'Assemblée générale décide que les comptes de l'exercice 1870 seront soumis à l'examen d'une Commission de trois membres, chargés d'en faire Rapport à l'Assemblée générale ordinaire de 1871.

Sont nommés membres de cette Commission : MM. Lévy-Crémieu, P. Moussette, Hugues Teyssier.

Paris 1er mai 1870.

M. Rey de Foresta, administrateur délégué de la Compagnie des Docks et Entrepôts de Marseille.

Paris.

Vous trouverez inclus deux grosses d'actes qui m'ont été remis en communication par M. Bargmann.

Mon nom ne doit pas figurer au bas du rapport de la Commission sur les comptes des exercices 1868 et 1869: *vous savez que je suis resté absolument étranger à sa rédaction.*

Veuillez aviser messieurs les membres du Conseil d'administration de la Compagnie des Docks, vos collègues, que je donne ma démission de membre de la Commission de vérification des comptes de l'exercice 1870.

Agréez, monsieur, mes salutations empressées.

H. TEYSSIER.

M. Rey de Foresta, administrateur délégué de la Compagnie, répond le 3.

COMPAGNIE
DES
DOCKS ET ENTREPOTS
DE MARSEILLE
rue St-Lazare, 88

Paris, 3 mai 1870.

Monsieur,

J'ai l'honneur de vous accuser réception de la lettre, en date du 1er mai courant, par laquelle, en me renvoyant deux documents qui vous avaient été donnés en communication par M. Bargmann, vous me faites connaître :

Que votre nom ne doit pas figurer au bas du rapport de la Commission sur les comptes des exercices 1868 et 1869 ;

Et que vous donnez votre démission de membre de la Commission de vérification des comptes de l'exercice 1870.

J'aurai soin, à la première réunion du Conseil d'administration, de lui donner connaissance de votre lettre.

Agréez, monsieur, mes salutations empressées.

L'administrateur délégué,
REY DE FORESTA.

M. Teyssier, membre de la Commission de vérification des comptes.

Voici le rapport rédigé par M. Teyssier, après son voyage à Marseille, et non adopté par MM. Lévy-Crémieu et Moussette :

Messieurs,

Votre Commission est appelée à vous faire son rapport sur les comptes des deux exercices 1868 et 1869 ; chacun d'eux méritait une attention toute particulière.

Le deuxième compte d'établissement, créé le 31 décembre 1863, a pris fin le 31 décembre 1868, en même temps que les actions de la deuxième série ont cessé de recevoir, par privilége, un intérêt de 5 p. 100.

Les bénéfices de l'année 1869 pouvaient donc être considérés comme étant le résultat d'une année d'exploitation normale.

Chacun des deux exercices 1868 et 1869 motivait ainsi un rapport spécial ; mais votre administration ayant reporté sur chacun des comptes de l'exercice 1869 *une somme de* 2,518,940 *fr.* 16 *c.*, *total des frais généraux de votre Compagnie depuis son origine* 1859 *jusqu'au* 31 *décembre* 1868 (1), votre Commission se trouve à regret forcée de réunir l'examen des deux exercices pour établir d'une manière définitive la situation de chaque compte.

Notre rapport sera divisé en deux parties : Immeubles et Exploitation.

(1) Voir page 15, (❦).

PREMIÈRE PARTIE. — IMMEUBLES.

MÔLE DE L'ABATTOIR.

Ce môle ne fait pas partie de notre concession; nous n en avons que la jouissance temporaire, suivant une dépêche ministérielle en date du 21 avril 1868.

Malgré le caractère temporaire de cette jouissance, votre Compagnie n'a pas hésité à faire une dépense de 459,813 fr. 83 c., spéciale à l'exploitation de ce môle.

Le transit sur le môle de l'Abattoir a été opéré, en 1869, par 1,033 navires, qui ont importé. . . . . 137,701 tonnes de minerai,
et exporté. . . . . 254,042 tonnes de houille.

                              Soit ensemble. . . . . . 391,743 tonnes.

En 1868, 829 navires avaient importé ou exporté 371,298 tonnes.

Augmentation en 1869 : 204 navires et 20,445 tonnes.

C'est le seul chapitre de notre exploitation qui soit en progrès; il ne saurait en être autrement. Le prix accepté pour ce transit n'est pas rémunérateur; de plus, il n'est alloué à notre Compagnie aucuns frais de magasinage pour les houilles et minerais qui y séjournent : aussi ce môle est-il toujours en plein travail. Il y avait au moment de notre visite 6,000 tonnes de houille déposées par diverses compagnies minières et par les Messageries impériales.

Le nombre de navires à voile ou à vapeur traités comme voiliers, qui ont opéré dans les bassins du Dock, est de 2,072. Ils ont importé ou exporté ~~64,048~~ tonnes. *649,487*
1,033 ont opéré au môle de l'Abattoir. Ils ont importé ou exporté 391,743 tonnes.

Les opérations du môle de l'Abattoir représentent donc 50 pour 100 du nombre des navires et 60 pour 100 du tonnage total.

Cette proportion ira, croyons-nous, en augmentant.

Trois grues à vapeur permettent de décharger les 1,000 tonnes de minerai de Mokta-el-Hadid importées par chaque navire à vapeur de la Compagnie des transports maritimes dans une moyenne de quinze heures. Nulle part au monde un pareil travail n'est fait dans moins de temps et à un prix aussi réduit.

L'avenir de notre Société exige :

1° Que le môle de l'Abattoir soit compris dans notre concession;

2° Que son cahier des charges soit revisé.

Votre Commission n'hésite pas à dire que c'est la plus urgente de toutes les modifications à faire à nos concessions, et une des questions vitales pour notre Compagnie.

BASSINS DE RADOUB PROVISOIRES.

Les bassins de radoub provisoires figurent à notre actif pour 1,679,928 fr. 60 c., en augmentation de 88,216 fr. 91 c. sur 1869 pour leur part proportionnelle de frais généraux depuis l'origine de la Société.

Leur produit net, en 1869, a été de 252,523 fr. 60 c., frais généraux de l'exploitation non déduits.

Les explications fournies par l'Administration à la dernière Assemblée générale n'ayant pas modifié l'opinion de la Commission, celle-ci persiste à dire que cette somme devra disparaître de notre actif, à l'époque prochaine où les bassins de radoub définitifs seront livrés à l'exploitation.

Le matériel des bassins de radoub provisoires a peu de valeur : le prix pour lequel ils figurent à notre actif n'en sera que faiblement diminué.

Le dock flottant de carénage date de 1844. L'une de ses parties présente une différence de niveau très-sensible avec l'ensemble, et nécessitera sous peu des travaux très-coûteux, son remplacement ou sa suppression. Avant d'être adoptée, cette dernière décision devra être l'objet d'un sérieux examen de la part de notre Conseil, et nous n'avons nul droit de nous en occuper (1).

BASSINS DE RADOUB DÉFINITIFS.

La construction de ces bassins est très-avancée. Les maçonneries de trois formes sont achevées et on travaille activement à la construction de la dernière.

Deux amorces des trois nouvelles formes projetées en vue de certaines éventualités sont terminées, et la construction de la dernière, de même que le bâtiment affecté aux machines, est très-avancée.

Les machines et les portes des bassins de radoub construites par la Compagnie des Forges et Chantiers de la Méditerranée sont prêtes à nous être livrées ; le batardeau intérieur est en pleine démolition, et on construit activement les culées du pont tournant qui doit servir au passage du chemin de fer de l'Estaque.

Le plafond du bassin est nivelé sur toute sa surface; il reste à enlever la rampe qui a servi

(1) Voir page 52, (2).

à l'enlèvement des matériaux par charrettes, travail d'ailleurs peu important. Tout porte donc à croire que ces nouveaux bassins seront livrés à l'exploitation dans le deuxième semestre de cette année.

Notre Société intervient dans la dépense de ces bassins pour 6 millions, soit 3,700,000 fr. de subvention sur les travaux exécutés par l'État, et 2,300,000 francs pour dépenses à faire par notre Compagnie.

Un avenir prochain nous dira si, dans ces conditions, le produit de ces nouveaux bassins sera rémunérateur ; il est permis d'en douter.

Ce compte figure à notre actif pour 1,926,442 fr. 17 c. ; il reste à payer ou à dépenser par notre Compagnie 4,073,557 fr. 83 c.

TERRAINS DE MONTREDON.

Cette propriété, de 113,525 mètres 17, est divisée en deux parties, séparées par toute la surface du château Borély.

La première partie, de 14,000 mètres environ, située à droite en quittant le Prado et en se dirigeant vers le château Borély, attend des acquéreurs.

Une moitié environ, qui n'a pas trop de profondeur, pourra se vendre dans un temps plus ou moins éloigné.

Les 7,000 mètres restants, ayant une profondeur double des premiers, limités au midi par un cours d'eau sans issue qui les sépare du château Borély, se vendront plus difficilement, et à un prix sensiblement inférieur.

Actuellement ces terrains sont invendables.

La deuxième partie des terrains de Montredon est située au delà du château Borély, et pour en préciser la situation, je dirai qu'ils sont à une distance d'au moins 6 kilomètres de la rue de la Cannebière.

Ces terrains forment un lot de 100,000 mètres, traversés de l'est à l'ouest par un chemin rural ; ils ont quatre enclaves, plus l'ancien cimetière de la commune de Bonneveine, dont le privilége expire en 1871.

La majeure partie de ce terrain est inculte ; environ 3 hectares ont été profondément excavés pour l'extraction du sable et du galet.

Ces terrains seront d'une vente difficile, pour ne pas dire impossible, même à un prix très-réduit.

Ces 113,525 mètres 27 ont produit net, en 1869, 1,682 fr. 84 c. ; ils figurent à notre actif pour 1,618,549 fr. 40 c. et leur valeur vénale peut être évaluée au maximum à 300,000 fr.

PARCELLE 35 ET ÎLOTS N°s 40, 44, 49, 55, 60 ET 63.

Ces terrains, situés en façade sur les quais, ont ensemble une surface de 50,526 mètres 82 ; ils ont coûté 6,187,096 fr. 60 c.

A ce prix d'achat se sont ajoutés les frais d'acte et d'avoué, la dépense de construction des murs de clôture, les intérêts capitalisés jusqu'au 31 décembre 1868, la part proportionnelle des 2,518,940 fr. 16 c. des frais généraux de la Société de 1859 à 1868, sans tenir compte des époques où ces terrains nous ont été livrés ; ils figurent à notre actif pour 9,057,182 fr. 69 c., soit une plus-value de 2,870,086 fr. 09 c.

Les magasins d'huile de pétrole ont été construits en 1869 sur les îlots 55 et 63 ; la dépense qu'ils ont motivée n'est pas comprise dans la somme ci-dessus.

Le produit net de ces terrains a été de 11,099 fr. 03 c. en 1869.

Il nous faut forcément attendre des temps meilleurs, non-seulement pour leur vente, mais même pour leur location

PROPRIÉTÉ DU CAP PINÈDE.

La propriété du cap Pinède a une surface de 68,853 mètres 29, dont le niveau présente de notables différences.

Une première partie, la plus importante, est à 80 mètres au-dessus du niveau des bassins de radoub ; il s'y trouve une vieille maison et quelques constructions de peu de valeur.

Le plateau qui constitue la deuxième partie a une différence de niveau de 50 mètres ; seulement il est exploité comme carrière de sable.

La troisième partie, attenant aux bassins de radoub, a été déblayée à leur niveau même.

Cette propriété a produit net en 1869 4,161 fr, 60 c. ; elle a été achetée 400,000 fr. en 1860. Elle figure à notre actif au 31 décembre 1869 pour 715,028 fr. 75 c., soit 315,028 fr. 75 c. de plus-value.

La revente de cette propriété est très-problématique, même à un prix réduit.

DOMAINE DES BERNARDINES.

Très-vieille construction ayant six croisées de façade sur le vieux port, et une profondeur double au moins; elle est limitée par deux rues en forte pente et une ruelle sans issue pour nous.

Les boutiques sur les trois façades sont louées à l'année; il en serait de même de la totalité des premier et deuxième étages, s'il se présentait des locataires. Les Docks n'y font aucun dépôt de marchandises.

Cette acquisition date de 1863 : opération inopportune, qui deviendra ruineuse par les réparations que son état de vétusté peut exiger d'un moment à l'autre. Quant à sa revente, elle nous coûtera cher, en admettant qu'elle soit possible dans un avenir rapproché.

Les locations ont produit net, en 1869, 24,214 fr. 99 c., frais généraux de l'exploitation non déduits.

Notre prix d'achat est de 475,025 fr. Cette propriété figure à notre actif pour 573,000 fr. 60 c., soit 97,975 fr. de plus-value.

MAGASINS A PÉTROLE.

Nous avons construit, en 1869, deux travées comprenant ensemble dix-neuf magasins provisoires pour les huiles de pétrole sur les îlots n°s 55 et 63. Sur les frais de construction de ces deux magasins, il a été payé, en 1869, 330,643 fr. 36 c.; un solde d'environ 100,000 fr. reste à payer en 1870.

Nous avons constaté avec regret que ces magasins sont presque entièrement vides; ils ne renferment que 49 tonnes d'huile de pétrole.

Les magasins du môle d'Arenc, devenus disponibles par la translation onéreuse des pétroles dans les magasins neufs, sont également vides.

DEUXIÈME PARTIE. — EXPLOITATION

MAGASINAGES.

Le stock des marchandises en magasin, au 31 décembre 1869, se composait de :

8,636 tonnes marchandises d'entrepôt réel;
30,189 tonnes marchandises d'entrepôt fictif ou libre;

38,825 tonnes ensemble.

Il était au 31 décembre 1868 de :
14,066 tonnes d'entrepôt réel ;
38,614 tonnes d'entrepôt fictif ou libre.
―――――
52,680 tonnes.
       Différence.... 13,855 tonnes.
       Soit 5,430 tonnes d'entrepôt réel, et
           8,425 tonnes d'entrepôt libre.

Cette différence en moins de 13,855 tonnes est sensiblement la même, quant aux totalités, au 31 mars 1870. Notre situation s'est cependant aggravée par la sortie de 1,335 tonnes de marchandises d'entrepôt réel, dont le stock se trouve réduit, au 31 mars, à 7,301 tonnes.

Les 11,340 tonnes de minerais, charbon et fontes brutes déposées sur le quai de rive du bassin d'Arenc sont comprises dans les 30,189 de l'entrepôt libre, ce qui réduit les existences de toutes marchandises à couvert dans nos vastes magasins à 27,000 tonnes.

Cette situation est vraiment alarmante. Les faits ne se discutent pas : notre magasinage est en décroissance continue.

Les causes de cette décroissance sont indépendantes de nous ; nos vastes magasins réunissent toutes les conditions nécessaires à la manutention et à la conservation de toute espèce de marchandise ; un personnel nombreux, nécessité par la division des services et le grand nombre de nos magasins, nous a permis d'adopter tous les usages du commerce pour faciliter nos rapports avec le public ; enfin, notre directeur est disposé à mettre en pratique toutes les innovations que les circonstances peuvent rendre indispensables.

Il n'est pas douteux pour votre Commission que cette réduction constante du tonnage en magasin a pour cause principale les modifications nombreuses faites depuis dix ans à notre législation douanière.

Les bases de notre concession ont été largement modifiées ; les pertes qui en sont la conséquence nous imposent le devoir de porter nos réclamations devant le Gouvernement, et d'en obtenir une juste réparation.

TRANSIT.

Le total des marchandises importées ou exportées en 1869 a été :
    Par bateaux à vapeur de. . . . . 265,487 tonnes.
    Par bateaux à voiles ou à vapeur traités comme voiliers de. . . 649,487 —
                                   Ensemble. . . . . 914,974 —
Sur lesquelles 560,238 tonnes en provenance ou en destination du chemin de fer.

Il est entré en 1869 à l'entrepôt réel. . . . .   47,536 tonnes.
    —   à l'entrepôt libre   97,247   —
           Total des entrées en magasin en 1869.   144,783   —
Le transit représente à peu près la différence.   770,191   —
                        Total égal.   914,974   —

Ainsi les marchandises entrées en magasin en 1869 représentent moins de 16 pour 100 des marchandises passant par nos quais, preuve nouvelle à l'appui de la transformation forcée des opérations des Docks.

Nous sommes à Marseille le trait d'union entre le chemin de fer et le bateau à vapeur ; cette facilité de communication tend nécessairement à réduire les mises en magasin ; tout nous fait craindre que le commerce de transit sera toujours en progrès à Marseille, et le magasinage en décroissance. C'est sur cette croyance que votre Commission a trouvé opportune la réduction des tarifs généraux de magasinage, et qu'elle réclame la révision des tarifs de transit.

TARIFS.

Les diverses opérations des Docks étaient régies en 1869 par quatre tarifs :
Tarif général de 1859 ;
Tarif spécial du service centralisé des bateaux à vapeur : juillet 1869 ;
Tarif spécial des voies des ports : 17 août 1863 ;
Tarif spécial du môle de l'Abattoir : 1er septembre 1868.

Les tarifs généraux annexés à notre cahier des charges ont été revisés, complétés et notablement réduits.

Les nouveaux règlements et tarifs sont entrés en vigueur le 1er janvier dernier.

Ces nouveaux tarifs présentent pour les marchandises d'entrepôt réel et d'entrepôt libre une réduction sensible sur les anciens ; cette mesure radicale nous était imposée par le vide qu'ont produit dans nos magasins les nombreuses modifications aux lois de douane.

La baisse des prix de magasinage est le seul remède à notre fâcheuse situation, heureux encore si cette réduction est suivie d'une augmentation du tonnage en magasin.

Si les modifications à notre tarif général étaient une des exigences de notre situation, il n'en était pas de même du tarif spécial au service centralisé des bateaux à vapeur, dont les voyageurs et marchandises ne font que transiter à Marseille. Réduire ces tarifs, c'était porter le coup de grâce à l'avenir de notre Compagnie, car notre administration savait très-bien que le stock des marchandises en magasin était en diminution constante, et que, quelle que fût l'augmentation du transit provenant du développement de la navigation à vapeur, les bénéfices en résultant amélioreraient faiblement notre situation.

Cette réduction de tarif, facilitée par la suppression du tarif lui-même, nous surprend d'autant plus, que l'opinion de notre Conseil, de date récente, 1868, était loin de nous la faire pressentir. Voici ses dires :

« La Compagnie a pu se flatter, il est vrai, de trouver certaines compensations dans le développement du service des bateaux à vapeur et dans le progrès du transit ; mais, ici encore, son essor a été arrêté par l'insuffisance et la mauvaise distribution des espaces dont elle dispose. D'ailleurs la marchandise qui *transite* ne comporte que des manutentions limitées ; elle ne donne lieu à aucun magasinage, et dès lors elle ne peut jouer dans les produits du Dock qu'un rôle secondaire et peu rémunérateur. A moins d'opérer sur d'énormes quantités, les résultats de ce trafic seront toujours hors de proportion avec les charges du capital engagé. »

Les tarifs spéciaux au service centralisé des bateaux à vapeur n'existent plus ; ils sont compris dans le tarif général mis en vigueur à dater du 1er janvier 1870.

La moyenne des réductions sur le tarif des marchandises figurant à l'ancien tarif spécial est de 50 pour 100 minimum et, pour citer un article, nous dirons que les soies, dont chacun de nous connaît la valeur, et qui sous le tarif de 1859 payaient à notre Compagnie

2 fr. 50 c. par tonne pour embarquement ou débarquement,
10 fr. » par tonne pour les cinq jours de magasinage de transit,
_____
12 fr. 50 c. ensemble,

payent d'après le tarif nouveau 3 fr. 50 c. pour le même service rendu, soit 9 francs de réduction par tonne.

Pour bien préciser la différence des tarifs, nous dirons que le prix de transit par tonne des pierres à bâtir, d'après le tarif de 1859, est présentement le prix du tarif des soies en 1870, soit 3 fr. 50 c. par tonne ; et mieux encore, les minimums de 1859 sont devenus le maximum de 1870 (1).

Cette réduction, qui profite peu ou point au public, et qui, je le crains bien, sera sans compensation aucune pour notre Compagnie, se traduira dans le courant de cet exercice par une réduction de plus de 200,000 francs sur nos produits nets. Le chiffre de nos dividendes aurait dû nous interdire une pareille largesse.

Le tarif spécial des voies des ports date de 1863 ; il nous est alloué 1 fr. 30 c. et 1 fr. 15 c. par tonne pour reconnaître, charger et transporter à la gare maritime de la Compagnie de Lyon les marchandises débarquées sur les quais en dehors des Docks. Ce tarif réduit facilite le service de la Compagnie du chemin de fer et la met à l'abri de toutes les réclamations de l'expéditeur ; il n'est pas rémunérateur pour la Compagnie des Docks.

Enfin un quatrième tarif spécial au môle de l'Abattoir est également en vigueur depuis le 1er septembre 1868.

(1) Voir page 30, (1).

Le transit spécial du môle de l'Abattoir, houilles et minerais seulement, — car il est tellement encombré que les fontes brutes, qui jouissent de ce même tarif spécial, sont déchargées et déposées sur le quai de rive du môle d'Arenc, — représente 60 pour 100 de notre tonnage total ; il n'est pas rémunérateur, nous l'avons déjà dit.

En résumé, sur nos quatre tarifs en vigueur, en 1869, une réduction importante imposée par notre situation a eu lieu sur notre tarif général.

La suppression et une réduction de 50 pour 100 a été faite contrairement aux intérêts de notre Compagnie sur l'ancien tarif spécial des bateaux à vapeur.

Les tarifs spéciaux des voies des ports et du môle de l'Abattoir, qui ne sont pas rémunérateurs et dont nous demandons la révision, sont restés en vigueur.

MATÉRIEL.

Il figure à notre actif 504,385 fr. 57 c., répartis comme suit :

79,913 fr. 07 c. approvisionnements ;

424,472 fr. 50 c. matériel, agrès, mobiliers en service, matériel fixe non compris.

Il n'est pas fait de dépréciation annuelle. Les réparations et les augmentations sont portées au compte de frais généraux pour en tenir compte.

ASSURANCES.

Notre compte d'assurances se solde en 1869 par une perte de 52,932 fr. 17 c.

Votre Conseil s'occupe depuis l'année dernière de remédier à un pareil résultat ; il y a vraiment urgence.

RÉSULTATS DE NOTRE EXPLOITATION EN 1869.

Service des bateaux à vapeur..	533,498 fr. 83 c.
— du transit et voies des ports.	344,444 fr. 02
— des entrepôts.	639,747 fr. 45
— produits divers.	116,452 fr. 35
Ensemble.	1,634,142 fr. 65

A déduire :

Leur part proportionnelle des frais généraux de l'exploitation, 28 fr. 76 c. pour 100.

	469,979 fr. 42 c.
Bénéfice net	1,164,163 fr. 23

Cette somme de 1,164,163 fr. 23 c., est la rémunération du capital suivant:
21,298,305 fr. 07 dépenses des établissements dépendant des concessions ;
12,630,550 fr. 83 hôtel de l'Administration et Grand Entrepôt ;
424,472 fr. 50 matériel.

34,353,328 fr. 40, soit 3 fr. 39 pour 100.

Ce résultat prouve-t-il que nos tarifs sont suffisamment en rapport avec le capital dépensé ? Nos terrains de Montredon, notre propriété du cap Pinède, le domaine des Bernardines, et nos six îlots de terrains sur les quais figurent à notre actif pour 12,294,404 fr. 80 c. Ils ont produit en 1869, 29,321 fr. 30 c. net, frais généraux d'exploitation déduits.

Les frais généraux de l'exploitation se sont élevés à 554,974 fr. 51 c., soit 28 fr. 76 pour 100 des 1,927,624 fr. 72 c., produit net de l'exploitation en 1869.

RÉSUMÉ.

Votre Commission vous a rendu compte de l'examen qu'elle a fait de la situation de votre Compagnie au 31 décembre 1869.

Les résultats de cet exercice appartiennent sans distinction aucune aux deux séries d'actions ; le dividende est le produit net de votre exploitation.

Ce produit net, vous le connaissez, est de 10 fr. par action. Il a dû beaucoup surprendre tous ceux d'entre vous qui, actionnaires de vieille date, ont assisté aux assemblées générales annuelles (1).

Votre Commission n'a pas seulement pour mission de constater ce résultat, elle a pour devoir d'en rechercher les causes.

Après sérieux examen, voici à quelles causes votre Commission attribue les faibles bénéfices de votre Compagnie.

Les unes sont permanentes et malheureusement irrémédiables. Les voici :

1° Dépenses exagérées faites pour l'Hôtel de l'Administration et le Grand Entrepôt, ensemble 12,630,550 fr. 83 c. ;

2° Nombreuses immobilisations improductives et irréalisables en partie, figurant à notre actif pour 11,721,404 fr. 20 c.

Notre Grand Entrepôt est monumental ; aucune dépense n'a été épargnée pour sa construction et son appropriation. Son emplacement a été très-malheureusement choisi au point de vue de son exploitation. Tous les docks anglais ont leur façade perpendiculaire aux quais : la marchandise passe presque sans frais du navire au magasin, et réciproquement. Notre façade est, il est vrai, sur les quais, mais à grande distance des quais de débarquement et d'embarquement.

(1) Voir page 20, (3).

Nos immobilisations ont-elles été faites en vue de l'avenir ou en spéculation?

Sans doute il faut préparer l'avenir, mais avant tout il faut laisser les besoins se produire et ne point vouloir les créer ; il faut s'interdire les acquisitions inutiles aux besoins présents ; or nos magasins n'ont jamais été à moitié utilisés.

Si c'est comme spéculation, l'intérêt seul des Docks n'était pas directement en jeu ; nous nous sommes laissé entraîner dans l'achat des terrains pour rivaliser avec d'autres sociétés, quoiqu'elles ne fussent pas en lutte avec nous.

En définitive, quel que soit le mobile de ces opérations, les résultats resteront longtemps une charge pour notre Compagnie.

Les autres peuvent et doivent être réparés.

Notre cahier des charges nous imposait la construction d'un entrepôt de douane *affecté aux marchandises placées par la législation sous le régime de l'entrepôt réel et de l'entrepôt fictif pouvant recevoir au moins* 150,000 *tonnes de marchandises dans de bonnes conditions de manutention.*

Notre Compagnie a construit les magasins, elle a rempli ses engagements, mais le Gouvernement, dans un but très-louable sans doute, a modifié largement les droits de douane existants à l'époque de la signature du contrat ; de plus, l'administration des douanes à Marseille n'a pris aucune mesure pour faire déposer aux Docks les marchandises d'entrepôt fictif. Aussi, au lieu de 150,000 tonnes de marchandises d'entrepôt réel et d'entrepôt fictif, le sixième à peine occupe nos magasins.

Ces faits, trop réels et qui expliquent notre fâcheuse situation, ne nous autorisent-ils pas à faire appel à l'équité du Gouvernement pour obtenir réparation du préjudice causé?

Une autre cause de nos mécomptes réside dans nos tarifs de transit.

Notre tarif général de magasinage a été modifié pour attirer dans nos magasins les marchandises séjournant à Marseille.

Le tarif spécial aux bateaux à vapeur a cessé d'exister, il fait partie du tarif général.

Nous devons réclamer son rétablissement ; la navigation à vapeur tend à se substituer complétement dans la Méditerranée à la navigation à voile. La condition de rapidité domine tout pour le service de débarquement et d'embarquement des navires à vapeur ; la mise à quai de leur chargement, toujours composé de marchandises de valeur, doit durer quelques heures à peine, car le jour du départ est proche et le chargement attend. A un travail spécial, fait à toute heure, exigeant un nombreux personnel toujours prêt, et en présence d'une responsabilité en rapport avec la valeur de la marchandise manutentionnée, il faut une rémunération spéciale.

Les tarifs spéciaux des voies des ports et du môle de l'Abattoir, tous deux non rémunérateurs, doivent être revisés.

Enfin les conditions relatives aux Bassins de radoub définitifs doivent être revisées ; une dépense de 6 millions par notre Compagnie est hors de proportion avec les revenus probables.

Ainsi l'intervention du Gouvernement et la révision des tarifs de transit sont également indispensables à l'avenir de votre Compagnie.

Les faibles résultats de 1869 seront aggravés, en 1870, par les modifications qu'a subies notre exploitation.

De plus, nos frais d'entretien augmentent chaque année.

Le chiffre de nos dettes est le même que celui de nos créances ; mais si les premières sont exigibles à volonté, il n'en est pas de même de notre créance sur la ville de Marseille, payable par annuités seulement.

Les nouveaux Bassins de radoub exigent encore des débours s'élevant à 4,073,557 fr. 83 c. ; notre situation ne nous permet d'y faire honneur qu'au moyen d'un emprunt.

Il figure à notre actif, conformément à l'article 30 de nos Statuts, une somme de 329,606 fr. 94 c. pour liquidation des exercices précédents ; son amortissement partiel aura lieu après le payement aux 80,000 actions de l'intérêt à 5 pour 100.

Les 2,518,940 fr. 16 c. de frais généraux de notre Société de 1859 au 31 décembre 1868 ont été reportés proportionnellement et uniformément sur tout notre actif ; ce compte n'existe plus.

Les comptes de 1868 et 1869 sont exacts ; le solde à répartir est bien de 801,197 fr. 12 c. C'est bien peu pour un capital actions de 39 millions. Nous devons cependant avoir le courage de vous dire que cette situation ne se modifiera pas, à moins que notre Conseil n'y remédie :

1° En faisant valoir auprès de l'État les priviléges résultant de la concession, priviléges détruits en partie par les modifications nombreuses introduites par notre réforme douanière ;

2° Par le remaniement de notre concession et, au premier rang, la concession définitive du môle de l'Abattoir ;

3° Par la révision des tarifs applicables au service des bateaux à vapeur, et aux tarifs spéciaux de la voie des ports et du môle de l'Abbattoir.

Votre Commission se joint à votre Conseil pour vous exprimer les regrets que lui a inspirés la mort de l'honorable M. Dumont, président du Conseil d'administration de votre compagnie depuis son origine.

Comme l'année dernière, nous devons réélire sans exception les membres sortants de notre Conseil d'administration. Notre situation est leur œuvre collective (1) ; et si notre Compagnie n'a pas jusqu'ici obtenu le succès qui s'attache aux affaires qu'ils ont patronnées, ils doivent tenir à honneur de la rendre prospère. Votre Commission espère qu'ils ne failliront pas à leur mandat.

Paris, 27 avril 1870.

H. Teyssier.

(1) Voir page 14 (3).

TABLE DES MATIÈRES

Concession	2
Cahier des charges	11
Avenir de la Société	14
Tarifs des bateaux à vapeur	26
Château Borély, terrain à Montredon	33
Achats de terrain à la Société des ports de Marseille	39
Bassins de radoub	42
Propriété du cap Pinède	53
Domaines des Bernardines	54
Voies ferrées du port de la Joliette, transit	55
Môle de l'abattoir	60
Bassins de radoub définitifs	64
Actions; deuxième émission	65
Assemblées générales	66
Nomination d'une Commission des comptes	68

PARIS. — IMP. SIMON RAÇON ET COMP., RUE D'ERFURTH, 1.

www.ingramcontent.com/pod-product-compliance
Lightning Source LLC
LaVergne TN
LVHW050637090426
835512LV00007B/898